Coleção Dramaturgia

MATÉI
VISNIEC

Biblioteca teatral

Impresso no Brasil, outubro de 2012

Título original: *Les Détours Cioran ou Mansarde à Paris avec Vue sur la Mort*
Copyright © Lansman Editeur

Os direitos desta edição pertencem a
É Realizações Editora, Livraria e Distribuidora Ltda.
Caixa Postal: 45321 · 04010 970 · São Paulo SP
Telefax: (5511) 5572 5363
e@erealizacoes.com.br · www.erealizacoes.com.br

Editor
Edson Manoel de Oliveira Filho

Gerente editorial
Gabriela Trevisan

Preparação de texto
Marcio Honorio de Godoy

Revisão
Danielle Mendes Sales e Liliana Cruz

Capa e projeto gráfico
Mauricio Nisi Gonçalves / Estúdio É

Pré-impressão e impressão
Gráfica Vida & Consciência

Reservados todos os direitos desta obra. Proibida toda e qualquer reprodução desta edição por qualquer meio ou forma, seja ela eletrônica ou mecânica, fotocópia, gravação ou qualquer outro meio de reprodução, sem permissão expressa do editor.

Os Desvãos *Cioran* ou Mansarda em Paris COM VISTA PARA A *Morte*

MATÉI Visniec

TRADUÇÃO: LUIZA JATOBÁ

AS PERSONAGENS

EMIL CIORAN

O CEGO DO TELESCÓPIO

O PROFESSOR DE FILOSOFIA CEGO

O CHEFE DO SERVIÇO A ESTRANGEIROS

O PRESIDENTE

A MULHER QUE FAZ MIGALHAS

A JOVEM COM O COELHINHO

A DATILÓGRAFA

A JOVEM SAÍDA DO MAR

A MULHER DE BRANCO

O CARREGADOR

O JOVEM QUE QUER SE SUICIDAR

O POLICIAL

EMIL CIORAN JOVEM

ALGUNS HOMENS OU MULHERES NAS FILAS DE ATENDIMENTO

Muitos papéis podem ser desempenhados por um mesmo comediante. Distribuição mínima: uma mulher e três homens.

Esta peça, escrita em residência no Théâtre des Sources, em Fontenay-aux-Roses (2003-2004), contou com o apoio do Ministério da Cultura em fevereiro de 2005.

Esta edição coincide com a criação da peça em novembro de 2007 no Centro Cultural Kulturfabrik em Esch-sur-Alzette (Grão-Ducado do Luxemburgo) numa montagem de Radu Afrim.

Com Constantin Cojocaru, Marja Leena Junker, Andrei Elek, Valéry Plancke, Audrey Laure Drissens, Elena Popa, Luc Schiltz...

Vídeo: Mihai Pacurar e Mihai Sibianu. Luz: Karim Saoudi. Assistente de criação: Jérôme Netgen.

Uma produção de "Belles Roumanies", em colaboração com o Instituto Cultural Romeno de Bucareste, em Luxemburgo e Grande Região, Capital Europeia da Cultura 2007.

Típica música parisiense: escuta-se um realejo.
Quando a cortina se levanta, vê-se ao fundo, projetada num telão, uma foto de Cioran, Eliade e Ionesco juntos, na Praça Fürstenberg, em Paris.

O cego do telescópio entra. Começa a instalar o telescópio sobre um tripé. As personagens da foto se desintegram e desaparecem, só fica a Praça Fürstenberg.

Cioran entra.

CIORAN: Senhor...

O CEGO DO TELESCÓPIO: Sim?

CIORAN: Desculpe-me, o senhor é o fotógrafo?

O CEGO DO TELESCÓPIO: O quê?

CIORAN: Meu nome é Emil Cioran. O senhor sabe quem eu sou? Tenho um encontro aqui com dois amigos... E um é fotógrafo... Gostaria de saber se o senhor é o fotógrafo.

O CEGO DO TELESCÓPIO: Não, não sou eu.

CIORAN: O senhor tem certeza?

O CEGO DO TELESCÓPIO: Senhor, está vendo muito bem que sou cego. Como é que posso ser fotógrafo?

CIORAN: Mas o senhor tem um tripé...

O CEGO DO TELESCÓPIO: É verdade, mas é para meu telescópio.

CIORAN: Me desculpe... Longe de mim querer incomodar... Infelizmente, minha memória começa a falhar. Tenho um encontro aqui, mas não me lembro direito a que horas... Me disseram para vir aqui tirar uma foto... Uma foto para uma editora... Com dois amigos de infância... Meus melhores amigos, parece... Mas nem lembro o nome deles... Nem o nome do fotógrafo... É isso mesmo, é a praça Fürstenberg, não sou louco.

O CEGO DO TELESCÓPIO: Não. É aqui mesmo a praça Fürstenberg.

CIORAN: Nem me lembro quem foi mesmo esse tal de Fürstenberg... Tenho a impressão de já ter vivido esse momento, esse encontro... Ou talvez eu esteja muito atrasado... Sei lá... Nunca chego atrasado, não tenho esse hábito... Sempre fui um grande apreciador da pontualidade... O tempo é uma ilusão, é claro, mas a pontualidade é crucial...

O CEGO DO TELESCÓPIO: Quem sabe o senhor gostaria de observar o céu no telescópio? Não é caro. Por um franco o senhor pode olhar o céu por cinco minutos.

CIORAN: O céu, sabe... Não me interessa muito, não... sabe?

O CEGO DO TELESCÓPIO: Tente. O telescópio é bacana. Fica tudo muito perto. A gente vê detalhes impressionantes. A gente consegue ver as crateras da lua.

CIORAN: Não, tenho medo de ter uma vertigem... E ainda por cima isso me dá vontade de vomitar...

O CEGO DO TELESCÓPIO: Mas eu posso deixar o senhor experimentar de graça... Se bem que ainda deve ser cedo... O sol ainda não se pôs... Por um acaso, o senhor teria ideia de que horas são?

CIORAN: Não sei. Assim que me lembrei que tinha prometido estar aqui para esse encontro, saí correndo. Esqueci meu relógio e até meu boné.

O CEGO DO TELESCÓPIO: Essa noite vai ser de lua cheia, ouvi dizer. Está começando a escurecer, senhor?

CIORAN: Sim, lentamente está começando a escurecer.

O CEGO DO TELESCÓPIO: E já dá para ver alguma estrela?

CIORAN: Não, ainda não. Aliás, o céu está bem cheio de nuvens esta noite.

O CEGO DO TELESCÓPIO: O senhor acha que vai chover?

CIORAN: Não sei.

O CEGO DO TELESCÓPIO: Geralmente, quando chove, preciso ir embora rapidinho, senão posso estragar o telescópio. E, de todo jeito, quando chove, ninguém tem vontade de olhar as estrelas. A noite continua caindo, senhor?

CIORAN: Sim, a noite continua caindo.

O CEGO DO TELESCÓPIO: Mas o senhor não está vendo a lua?

CIORAN: Não. Me desculpe mas... Não vejo nada... O céu está me parecendo bem vazio esta noite.

O CEGO DO TELESCÓPIO: Nem lua nem estrelas... Estranho...

CIORAN: Nada... Nada, a não ser esse toldo de nuvens... que está bem baixo...

O CEGO DO TELESCÓPIO: Sim, sempre soube que não estou muito bem situado aqui na praça Fürstenberg. Mesmo quando o céu está estrelado, não se pode ver grande coisa daqui... O espaço é muito pequeno. Não há nenhuma abertura. Somos sufocados pelos tetos... Pelos tetos de Paris...

Projeção numa tela, ao fundo: o Jardim de Luxemburgo e, no primeiro plano, um cego que gira um realejo e uma mulher que alimenta os pombos. De repente, os pombos voam.

As imagens do Jardim de Luxemburgo explodem e vão desaparecendo devagarzinho (parece até que por causa da revoada dos pombos).

Cioran entra e se aproxima da mulher.

CIORAN: Eles ficaram totalmente idiotas.

A MULHER QUE FAZ MIGALHAS: O quê?

CIORAN: Aliás, como todos os pássaros urbanos.

A MULHER QUE FAZ MIGALHAS: Por quê?

CIORAN: Eles perderam totalmente a liberdade.

A MULHER QUE FAZ MIGALHAS: Mas isso não tem importância...

CIORAN: Eles são incapazes de se alimentar sozinhos.

A MULHER QUE FAZ MIGALHAS: É verdade. Mas isso não tem nenhuma importância.

CIORAN: Felizmente você vem aqui, todos os dias, para lhes dar comida. Dizem que é uma boa terapia para os ansiosos...

A MULHER QUE FAZ MIGALHAS (*estende-lhe uma ponta da baguete*)**:** Pega aqui... O senhor quer jogar umas migalhas?

CIORAN: A senhora não é por acaso a senhora Domnaru?

A MULHER QUE FAZ MIGALHAS: Não. Por quê?

CIORAN: A senhora me lembra uma pessoa que eu conheci há muito tempo... As irmãs Domnaru, em Sibiu, na Transilvânia.

A MULHER QUE FAZ MIGALHAS: Desculpe. Não sou mesmo essa tal senhora Domnaru.

CIORAN: Mas faz anos que a senhora vem nesse parque para alimentar os pombos.

A MULHER QUE FAZ MIGALHAS: É verdade.

CIORAN: Às vezes, me pergunto se a senhora vem mesmo por causa dos pombos.

A MULHER QUE FAZ MIGALHAS: Não, não venho por causa dos pombos.

CIORAN: Nunca ousei abordá-la, mas hoje...

A MULHER QUE FAZ MIGALHAS: Venho pelo senhor.

CIORAN: Na verdade, a senhora me rodeia há uns dez anos.

A MULHER QUE FAZ MIGALHAS: Desde sempre, senhor Cioran.

CIORAN: E essas lindas cartas que recebo uma vez por semana, há uns dez anos...

A MULHER QUE FAZ MIGALHAS: Sim, sou eu mesma.

CIORAN: Então a senhora sabe onde moro?

A MULHER QUE FAZ MIGALHAS: Sim.

CIORAN: Pergunto isso porque hoje me aconteceu uma coisa inacreditável. Essa manhã, fui à editora Gallimard e, ao sair de lá, voltando para minha casa, esqueci o caminho de casa.

A MULHER QUE FAZ MIGALHAS: É, eu sei.

CIORAN: Mas como a senhora pode saber?

A MULHER QUE FAZ MIGALHAS: Sou a sua memória, senhor Cioran.

CIORAN: Bom... Por que não? De todo modo... Mas você não acha isso esquisito, minha senhora memória, que eu esqueça o caminho de volta para casa?

A MULHER QUE FAZ MIGALHAS: O senhor mora na rua do Odéon, número 21, senhor Cioran.

CIORAN: Estranho, não reconheço esse endereço.

A MULHER QUE FAZ MIGALHAS: É um prédio de quatro andares, com mansardas. O senhor vive em dois quartinhos bem abaixo do teto.

(*Cioran tira uma chave do seu bolso.*)

CIORAN: E isso, isso deve ser a chave de meu apartamento, acho.

A MULHER QUE FAZ MIGALHAS: Não sei...

CIORAN: O ano passado, em outubro, se bem me lembro, fiz um longo passeio ao longo do mar, em Dieppe... Estava na hora da maré baixa e meu passeio durou quatro horas... E, num certo momento, uma mulher saiu do mar e veio me perguntar se eu não tinha visto a bicicleta dela. Não era a senhora, por um acaso?

(*A mulher que faz migalhas não responde.*)

Rua do Odéon, número 21, a senhora diz.

A MULHER QUE FAZ MIGALHAS: Sim.

CIORAN: Bem, está bem. Vou indo. Mas é pra que lado essa rua?

A MULHER QUE FAZ MIGALHAS: O senhor está vendo aquele prédio grande?

CIORAN: Sim.

A MULHER QUE FAZ MIGALHAS: Lá, é o Teatro do Odéon. A rua do Odéon fica bem em frente.

CIORAN: Está claro, minha memória, que começo a me perder da senhora... Mas o estranho é que é na desordem que essa perda se dá. E esse jardim, lhe agrada?

A MULHER QUE FAZ MIGALHAS: Não muito.

CIORAN: Mas não é o Jardim de Luxemburgo aquele ali?

A MULHER QUE FAZ MIGALHAS: Sim.

CIORAN: Ah, então, pelo menos disso eu me lembro. Saindo da editora Gallimard, não sabia mais onde queria ir. Como um ator que esquece bruscamente uma linha... Uma fala essencial... Imagine Ricardo III esquecendo a frase "Meu reino por um cavalo"...

A MULHER QUE FAZ MIGALHAS: Meu reino por algumas migalhas...

CIORAN: Então é isso, meu reino por algumas migalhas de minha memória... E esse jardim, você gosta?

A MULHER QUE FAZ MIGALHAS: Não muito.

CIORAN: Nem eu. Mas reconheço que é um jardim mítico. Não gosto dele, mas, no entanto, gosto de passear aqui e só pensar banalidades. Os pensamentos banais da manhã e as pequenas banalidades da tarde nesse jardim mítico... No meio de turistas que tiram fotos e de famílias que passeiam com suas crianças... Tenho de reconhecer que às vezes me sinto o próprio assassino no meio de todo esse povo.

A MULHER QUE FAZ MIGALHAS: Tem pouca área verde. Na verdade, tem muito pouca grama...

(*Enquanto continuam a falar sem se mexer, as duas personagens começam a se afundar devagarzinho na terra. É como se estivessem sendo engolidas, de uma maneira extremamente lenta, por uma areia movediça.*)

CIORAN: E, quando chove, fica definitivamente impossível. A terra fica imediatamente cheia de lama. Me pergunto se a prefeitura de Paris teria coragem de publicar os verdadeiros números no que diz respeito ao desaparecimentos de pedestres, nos dias de chuva, no Jardim de Luxemburgo.

A MULHER QUE FAZ MIGALHAS: Isso nunca vai acontecer. Já trabalhei na prefeitura. Conheço muito bem aquilo lá.

(*Pausa.*)

CIORAN: Rua do Odéon, 21, ao lado do Teatro do Odéon... Faz horas que estou vagando por esse jardim... Tenho um pouco de vergonha de dizer mas... Estou com um pouco de fome... (*Pausa.*) Sabe, com esse seu hábito de vir aqui todos os dias para dar pão aos pombos, você está mais enraizada na minha memória do que o lugar onde moro... Isso me faz bem, de contar tudo isso para você... Digo isso a você, porque você é uma desconhecida. Nunca disse isso a ninguém.

A MULHER QUE FAZ MIGALHAS (*pega mais um pedaço de pão*): Quer um pedaço de pão?

CIORAN: Sim, obrigado.

A MULHER QUE FAZ MIGALHAS: Está bem seco.

CIORAN: É estranho que os pombos não estejam aqui... Você fez muitas migalhas, mas os pombos não vieram.

A MULHER QUE FAZ MIGALHAS: Mas eles vão vir.

(*Eles continuam a ser lentamente sugados pela terra.*)

CIORAN: Mesmo assim é melhor reconhecer que os pássaros da cidade estão ficando cada vez mais bobos.

A MULHER QUE FAZ MIGALHAS: Isso lá é verdade. É por isso que lhes trago migalhas.

CIORAN: Os pássaros urbanos já voam, em média, menos que os pássaros do campo. Parece que o fato de ter asas começa a pesar um pouco para eles. Acontece a mesma coisa com os homens. Quem sabe se não nasceram também assim. Tinha no começo uma espécie totalmente livre que sabia voar... E depois os indivíduos dessa espécie se tornaram cada vez mais pesadões, cada vez mais preguiçosos, cada vez mais idiotas... Deram um jeito de se livrar das asas e desceram para a terra. E foi assim que o homem nasceu. (*Pausa. Ele mordisca o pedaço de pão.*) A senhora trabalhou para que departamento da prefeitura?

A MULHER QUE FAZ MIGALHAS: Para o serviço de estrangeiros.

CIORAN: Mas, na verdade, quem é a senhora?

A MULHER QUE FAZ MIGALHAS: Mas eu já disse ao senhor que sou sua memória, senhor Cioran.

(*A terra os engoliu quase inteiramente. Só restam suas cabeças para fora.*)

CIORAN: Sim, por que não, se a gente pensa que... Finalmente... Sim, você é minha memória, é normal mas... O que eu queria te perguntar... Por que você faz essas migalhas?

Projeção no telão: imagens do célebre trem
Expresso-Oriente entrando na Estação do Leste em Paris,
nos anos de 1940.

As imagens se esfacelam e se apagam
progressivamente. Resta, na cena, Cioran, como um
vagabundo, adormecido sobre um carrinho de bagagem
ao lado de uma máquina de café.

O carregador chega e sacode suavemente o homem
adormecido.

O CARREGADOR: Senhor... Senhor, por favor...

CIORAN (*num sobressalto*)**:** Sim!?

O CARREGADOR: Preciso do carrinho.

CIORAN (*aturdido*)**:** Sim...

O CARREGADOR: O carrinho é meu...

CIORAN: Sim... Desculpe... Estava esperando um trem que vem de Bucareste... O Expresso-Oriente... Depois, como o trem estava atrasado, peguei no sono... Não tenho nem ideia da hora...

O CARREGADOR: São três horas da manhã, senhor.

CIORAN: E o Expresso-Oriente? Chegou?

O CARREGADOR: Não há Expresso-Oriente, senhor.

CIORAN: Mas se... Estava escrito nos painéis... Plataforma cinco, chegada do Expresso-Oriente.

O CARREGADOR: Não tem nenhum trem internacional na plataforma cinco.

CIORAN: Mas é impossível. E, além de tudo, estou esperando meu irmão. Meu irmão que vem de Bucareste. O senhor não viu por acaso alguém vagando pela estação com um olhar perdido? Um senhor, um velho, que não fala muito bem o francês?

O CARREGADOR: Não, senhor. A estação está deserta a esta hora. E eu preciso do meu carrinho. Faz três horas que o senhor está dormindo em cima do meu carrinho. O senhor parece muito cansado. O senhor tem família?

CIORAN: Sim, tenho um irmão, esse que estou esperando... E está chegando de Bucareste. O senhor tem certeza de que não chegou nenhum trem de Bucareste?

O CARREGADOR: Quem sabe o senhor quer dizer Budapeste.

CIORAN: Não, de Bucareste.

O CARREGADOR: Não. Nunca teve trem de Bucareste nesta estação. Talvez o senhor tenha errado de estação. O trem de Budapeste, sim, chegou há duas horas já. Mas esse outro... Como é mesmo que o senhor disse...

CIORAN: Bucareste... O trem de Bucareste.

O CARREGADOR: Senhor, sou carregador nesta estação há trinta anos. E jamais ouvi falar de trem de...

CIORAN: De Bucareste?

O CARREGADOR: De Bucareste... não. Budapeste, sim, mas Bucareste, não.

CIORAN: E entretanto meu irmão já veio várias vezes a Paris... E eu sempre o esperei na Estação do Leste... Por alguma razão que me escapa, aqui em Paris os trens que vêm do Leste Europeu chegam na Estação do Leste. Na verdade, o que o senhor me diz me deixa totalmente surpreso...

O CARREGADOR: Seu irmão deve ter chegado, todas as vezes, no trem de Budapeste... E o senhor nem reparou.

CIORAN: Não sei... não sei... Minha memória está em migalhas... Olhe, tenho até migalhas no bolso... (*Ele tira algumas migalhas de pão.*) Aliás, passei todo o dia com uma mulher, no Jardim de Luxemburgo, que me ajudou a fazer as migalhas... Faz tempo que não volto para casa... Mas eu tinha certeza de que o Expresso-Oriente passava por Bucareste.

O CARREGADOR: Não, é Budapeste, não é Bucareste.

CIORAN: Tá bom, é nossa culpa... Mas o senhor, pelo menos, já ouviu falar de Bucareste...

O CARREGADOR: Não sei não, senhor... Nasci na Argélia e vim para a França depois da guerra. Quando criança, falei árabe como francês. Mas nesse meio-tempo esqueci quase totalmente o árabe...

CIORAN: Mas o nome de Bucareste deve te evocar alguma coisa, não?

O CARREGADOR: O senhor está muito cansado. Quer que eu chame um táxi?

CIORAN: Talvez você tenha razão. Não há trens que chegam de Bucareste. Não há trens que venham do nada. O senhor sabe, Bucareste é a capital de um buraco... de um buraco histórico, de uma forma de anemia axiológica, que é meu país de origem. E, no entanto, deixei um irmão lá...

O CARREGADOR (*folheando o horário dos trens*): Olha aqui, tem um horário de trem de noite... Olha aqui, Budapeste, essa existe... Mas aquela outra cidade... como é que se chama mesmo?

CIORAN (*repentinamente muito cansado*): Não sei... Não sei mais...

O CARREGADOR: O senhor talvez tenha confundido os nomes. Talvez o senhor tenha dito Budapeste mesmo.

CIORAN (*cansado*): Sim.. Eu também sou de Buca... de Budapeste.

O CARREGADOR: É bonita, Budapeste?

CIORAN: Sim, é muito bonita...

O CARREGADOR: O senhor quer um café?

(*O carregador introduz uma moeda na máquina de café.*)

CIORAN: Um café? Por que não?

O CARREGADOR: Aqui ó, pega o café. Sei o que é um estrangeiro neste país. Eu também me sinto um estrangeiro. E, no entanto, sou francês! Mesmo se nasci na Argélia...

(*O carregador oferece um café a Cioran.*)

CIORAN: Obrigado... Obrigado mesmo.

O CARREGADOR: O senhor... Tô reparando um sotaquezinho... O senhor fala um pouco enrolado... É de lá?

CIORAN: Sim, isso é de Budapeste.

(*Escuta-se, pelo alto-falante da estação, o sinal sonoro que parece o de anúncios habituais dos trens que vão partir. Em seguida, uma voz suave de mulher fala: "O trem Expresso-Oriente, saindo de Paris, partirá dentro de cinco minutos na plataforma número 5, em direção a Estrasburgo, Munique, Praga, Viena, Budapeste, Coasta Boacii-Rasinari, Bucareste, Sofia, Istambul... As pessoas que acompanharam os passageiros dentro do trem devem sair dos vagões...".*)

CIORAN (*subitamente excitado*): Você escutou?

O CARREGADOR: O quê?

CIORAN: Mas... O trem, ele está aí... Acabaram de anunciar... Na plataforma 5.

O CARREGADOR: A plataforma 5 está vazia, senhor.

CIORAN: Mas eu escutei...

O CARREGADOR: A plataforma 5 está vazia, senhor...

(*A mulher que faz migalhas entra seguida pelo cego do telescópio. Empurram diante deles um carro cheio de bagagens. Parece que se dirigem à plataforma 5. Assim que se aproximam, descobre-se que as malas são pacotes de pombos mortos achatados.*)

CIORAN (*para o carregador*): Olha... Tem até gente indo para a plataforma 5... (*Para a mulher que faz migalhas e o cego do telescópio.*) Senhora... Senhor fotógrafo... Vocês vão partir?

A MULHER QUE FAZ MIGALHAS: Até logo, senhor Cioran!

CIORAN (*para o carregador*): Olha ela lá... Aquela senhora é minha memória... (*Para a mulher que faz migalhas.*) Senhora, a senhora abandonou os seus pombos? Quem vai fazer as migalhas para eles? Senhora, espere aí... Senhor fotógrafo, espere aí... (*Cioran está muito cansado, mesmo para poder alcançar o casal.*) Estou aqui. Vocês vão pegar o Expresso-Oriente?

A MULHER QUE FAZ MIGALHAS: Sim, senhor Cioran. Eu volto.

(*O casal se distancia empurrando o carrinho.*)

CIORAN (*para o carregador*): Olha lá, ela volta, não sei para onde ela volta, mas ela volta... Minha memória volta para sua casa no Expresso-Oriente...

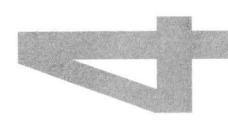

Projeção no telão: imagens da Sorbonne.

As imagens se esfacelam e desaparecem, mas o anfiteatro permanece como cenário: um estrado, uma cadeira sobre o estrado, um quadro negro, etc.

Com seu bastão na mão, o cego do telescópio entra. Com o telescópio debaixo de um braço, o tripé debaixo do outro, ele arrasta também com ele uma velha pasta de professor universitário. Com a ajuda da bengala branca, ele tateia, de uma maneira bem confusa, o chão e os objetos que se encontram diante dele.

Caminhando em direção à cadeira, ele a derruba, quase cai várias vezes, deixa cair o telescópio no chão, etc.

Enfim, ao chegar atrás da cadeira, abre sua pasta e tira dela vários livros. Fixa o tripé e monta o telescópio, que aponta para os espectadores.

O cego do telescópio se torna o professor de filosofia cego.

O PROFESSOR DE FILOSOFIA CEGO: Bom dia a todos. Começamos hoje, então, nosso curso de filosofia contemporânea. E vamos durante três meses tratar de Cioran.

(*Vai ao quadro-negro, procura o giz, escreve no quadro o nome "Cioran". Tenta colocar o giz na borda do quadro, mas o giz cai no chão.*)

Bem, o que eu proponho é utilizar um termo que tem mais a ver com a geografia, quer dizer, o termo "precipício", para melhor entender o método filosófico de Cioran. "Precipício – depressão natural muito profunda com escarpas muito íngremes." Isso é o sentido próprio da palavra. Mas a palavra "precipício" também tem um sentido figurado que quer dizer "perigo", "desastre".

Vejam vocês então o que representa o pensamento de Cioran, no sentido próprio e no sentido figurado, na paisagem da filosofia contemporânea. É um pensamento que dá vertigem. Se vocês ainda não experimentaram a sensação de vertigem, subam ao último andar da torre Montparnasse, saiam no terraço, subam no parapeito, fiquem de pé no parapeito e olhem a rua lá embaixo. Vocês então passarão a compreender a verdadeira natureza do pensamento de Cioran. Isso lhes dará uma percepção física da profundidade do espírito do senhor Cioran.

Portanto, o pensamento de Cioran se apresenta como um vasto abismo espiritual. Um abismo sem fim, um verdadeiro buraco negro que, há meio século, detona e devasta tudo, todas as ideias do Ocidente e do Oriente, todas as verdades e inverdades, todos os preceitos morais e todos os marcos axiológicos... Tudo passa pela peneira do senhor Cioran... As utopias, as religiões, as tradições, as mentalidades, as doutrinas, as ideologias... Escutem um pouco este tipo de assobio que aumenta de intensidade cada vez que a gente emite uma ideia nesse anfiteatro... Vocês o escutam? (*Escuta-se mesmo um assobio. Parece que um vento forte abriu a janela, e as cortinas são levadas para fora.*) Isso é o pensamento de Cioran, é o abismo do método crítico de Cioran que está nos levando e nos destruindo a todos, neste momento.

(*Ele procura a garrafa de água, enche o copo, dá um gole. Coloca o copo na mesa, mas ele vira. Coloca a garrafa na mesa, mas ela vira. A água derramada molha os livros. Tenta salvá-los, mas eles já estão molhados.*)

Mesmo a palavra "sistema" lhe dava ânsia de vômito... É por isso, aliás, que ele tomou o cuidado de dinamitar as contradições insuportáveis do seu próprio pensamento. Toda a sua reflexão é um campo minado. Quer dizer que ele se diverte dizendo uma coisa e, dez ou quinze páginas depois, ou dois ou três anos mais tarde, diz o contrário. Assim é Cioran. Diz sempre o contrário de tudo, mas com um método diabólico, para nos impedir de apreender o essencial de seu pensamento. Na verdade, ele zomba de nós, mas com tamanha graça, meu Deus, com que graça!

(*Irritado de constatar que os livros estavam irremediavelmente estragados, ele os joga no lixo.*)

(*A porta se abre. Um vento forte invade a cena e derruba uma cadeira; dezenas de páginas voam no ar. Humilde, olhar vago, Cioran entra.*)

CIORAN: Bom dia, desculpe, não quero incomodar... Procuro o restaurante, o restaurante universitário...

O PROFESSOR DE FILOSOFIA CEGO: Mas pelo amor de Deus, fechem essa porta!

CIORAN: Ou estou muito enganado ou tinha um bandejão de estudantes por aqui, antigamente... Ou será que não?

O PROFESSOR DE FILOSOFIA CEGO: Está muito enganado.

CIORAN: É que... Faz um bom tempo que não como no restaurante da Sorbonne... Há um tempo atrás comia aí todo dia... Desculpe...

O PROFESSOR DE FILOSOFIA CEGO: Você não tem o direito de entrar aqui. Aqui é a Sorbonne! É um anfiteatro.

CIORAN: Eu vinha duas vezes por dia... Era boa, essa cantina... Comi por anos e anos nessa cantina universitária, até o dia em que me disseram que estava velho demais...

O PROFESSOR DE FILOSOFIA CEGO: O senhor vem para o curso sobre Cioran? De todo jeito, está atrasado.

CIORAN: Sabe, estou tendo uns problemas de memória... Esqueci onde moro...

O PROFESSOR DE FILOSOFIA CEGO: Pronto, agora você pode sair, mas, por favor, feche bem a porta... Venha na semana que vem.

CIORAN: E como eu estava com fome, pensei, então, vou fechar os olhos e vou deixar meus pés me levarem...

O PROFESSOR DE FILOSOFIA CEGO: Volte na segunda-feira, senhor Cioran. O curso sobre Cioran é toda segunda-feira...

CIORAN: E então acabei chegando aqui na Sorbonne... E foi a memória do meu estômago que me mostrou o caminho. Não se preocupe, já estou saindo...

O PROFESSOR DE FILOSOFIA CEGO: E é preciso passar primeiro na secretaria... Se você quer acompanhar o curso sobre Cioran, precisa se inscrever primeiro na secretaria! Não aceito qualquer pessoa no meu curso...

CIORAN: Sim... me desculpe outra vez.

(*Cioran abre a porta. Nova rajada de vento. Cioran sai.*)

O PROFESSOR DE FILOSOFIA CEGO: Bem, o que é que eu estava dizendo mesmo? Portanto, mesmo se Cioran nos coloca a armadilha da incoerência, tentemos de qualquer modo, pelo menos uma vez, ler seu pensamento de maneira coerente. Era uma vez um universo. Não importa por que ele existia. E nesse universo, entre os planetas, que eram provavelmente em número infinito, havia um que se chamava Terra. Era de uma beleza prodigiosa, pois tinha engendrado a vida. E, apesar da crueldade que a vida por sua vez engendra, o planeta permanece belo e em harmonia com a bela selvageria primária do universo durante uma boa parte de sua existência. Quer dizer, durante mais de quatro bilhões de anos. E então um belo dia, como consequência de uma combinação nefasta de germes, de células, de módulos, de pústulas, de sementes sabe--deus-quais, de cromossomos sei-lá-das-quantas, e sei lá mais o quê, não importa, o ser humano irrompe.

E aí veio o desastre. Pois o senhor Homem é um verdadeiro predador. E além do mais tem uma consciência. Então, é um predador sofisticado, complicado... O senhor Homem é uma força em expansão, uma forma de vida perigosa e pérfida que alimenta seu orgulho com seu próprio pensamento... O senhor Homem é uma espécie invasora que se multiplica com uma voracidade de dar náuseas, extraindo prazer da própria função reprodutora. Em suma, um verdadeiro escândalo! Mesmo Deus, se porventura existisse, só poderia se revoltar com a visão de tal desastre.

Mas, esperando a revolta de Deus, eis que nas fileiras mesmo da espécie humana surge um vislumbre de revolta. É o senhor Cioran. E, para se revoltar, o senhor Cioran, o que ele faz? Pois bem, adota a posição de Deus. Quer dizer, a posição do moralista absoluto. E, no mesmo momento, distancia-se de sua espécie. Dá um passo de lado e sai do sistema, do Universo. Daí em diante, torna-se o espectador absoluto, observa o mundo do exterior. E descreve sua repugnância em seu diário. E o senhor Cioran tem talento. Escreve bem. E porque o romeno só é falado na Romênia, um país que o envergonha, Cioran passa ao francês. Vem morar por aqui e escreve maravilhosamente bem em francês. Sem se esquecer, no entanto, de lamentar a rigidez cartesiana de nossa língua e de sua insuportável natureza burocrática. Em suma, ele nos dá esse presente, Cioran, de escrever em francês e de se tornar um grande escritor francês. O que não o impede de se declarar enojado por isso, pelo fato de ser considerado um grande escritor francês. E ainda assim, para não nos empurrar, totalmente devastados, no abismo do desespero, Cioran nos dá ainda mais um presentinho... Considera que o homem, depois de tudo, ainda tem uma solução para sair com dignidade de toda essa mascarada existencial... Alegrem-se, portanto! Há uma solução: o suicídio. Em resumo, considera que podemos resolver, de alguma maneira, o problema do impasse ontológico através da morte. E diz ele:

felizmente que o homem pode, a qualquer momento, se autossuprimir, senão a vida seria insuportável... E é por isso que não vejo nenhum sentido em prolongar mais essa merda de curso... Portanto, vai ser mais rápido... Não vai durar três meses, vai acabar agora!

(*Procura algo na sua pasta e tira um revólver. Aponta-o para a própria cabeça.*)

Adeus! Eu, pessoalmente, estou caindo fora.

(*Puxa o gatilho, mas a bala não sai. Furioso, o professor de filosofia cego começa a sacudir o revólver e a examinar o carregador. Enquanto ele sacode o revólver, um tiro escapa na direção do teto.*)

Droga! Bem, então eu lhes digo adeus. Ele tinha razão, esse romeno da Transilvânia, esse Drácula do pensamento... É preciso saber recorrer à nossa única forma de liberdade... Senhoras e senhores, o curso sobre Cioran está encerrado.

(*Mais uma vez aponta a arma para a sua cabeça e puxa o gatilho. A bala se recusa a sair. Fora de si, o professor de filosofia cego sacode de novo o revólver. Sai uma nova bala, dessa vez em direção ao quadro. Um buraco enorme aparece no lugar onde estava escrito o nome "Cioran". O professor de filosofia cego insiste mais uma vez em meter uma bala na cabeça, mas a bala não sai. Ele joga o revólver.*)

Três vezes já deu! Nos vemos na semana que vem.

(*Dirige-se para a porta. Descendo do estrado, dá um passo em falso e cai no chão. Furioso, joga fora sua bengala branca e se dirige, como pode, para a saída.*

Cai de novo. Entretanto, a porta se abre e Cioran faz de novo sua aparição. Ajuda o professor de filosofia cego a se levantar.)

CIORAN: Desculpe... Sou eu de novo... Fiquei dando voltas no mesmo lugar... É louco como a gente pode girar em falso na Sorbonne... Eu só estava procurando o bandejão e...

O PROFESSOR DE FILOSOFIA CEGO: Não toque em mim! Não quero que você toque em mim...

CIORAN: Não achei esse restaurante universitário... Me pergunto se ele ainda existe... Faz uns bons trinta anos que não como na cantina da Sorbonne...

O PROFESSOR DE FILOSOFIA CEGO: O curso terminou. Voltem na semana que vem!

CIORAN: Não está um cheiro de queimado? Vocês não acham?

O PROFESSOR DE FILOSOFIA CEGO (*procurando a porta*): Quero sair! Quero sair daqui imediatamente!

CIORAN: Sinto cheiro de queimado... É isso que me trouxe aqui outra vez... O cheiro de queimado... É que eu pensei que era a cantina...

Projeção na tela gigante: imagens do bairro do Odéon, o edifício onde morou Cioran, o teto e a janela do seu quarto com mansarda.

As imagens se fragmentam e desaparecem. Cioran dorme no seu quarto, numa cama de madeira, sob um cobertor de lã tipicamente romena, da região de Maramures.

O jovem que quer se suicidar entra, acende um abajur e sacode suavemente Cioran…

O JOVEM: Senhor Cioran… Senhor Cioran…

CIORAN (*muito cansado*): Ah! Quem é você?

O JOVEM: Desculpe acordá-lo assim…

CIORAN: Como você entrou na minha casa?

O JOVEM: Senhor Cioran… Preciso muito falar com o senhor.

CIORAN: Me deixe dormir, meu jovem.

O JOVEM: É muito importante para mim. O senhor tem que me escutar…

CIORAN: Estou com dor de cabeça.

O JOVEM: Esta noite eu vou morrer. O senhor está me escutando?

CIORAN: Não, estou com sono.

O JOVEM: Tenho ainda duas horas para viver. Foi por isso que vim até aqui na sua casa.

CIORAN: Desculpe, mas não posso escutá-lo.

O JOVEM: Senhor Cioran... Antes de o sol se levantar, estarei morto.

CIORAN: Morra amanhã ao meio-dia.

O JOVEM: Não, minha decisão está tomada.

CIORAN: Morra amanhã à noite, meu jovem. A morte adora esperar.

O JOVEM: Não, não no meu caso. Eu não verei mais o próximo sol raiar.

CIORAN: Por favor, passe-me essa garrafa de água... Ali... Na mesa...

O JOVEM: Faz vários meses que estudo o comportamento dos suicidas. A maioria se suicida à meia-noite. Hemingway, Essenine, Maiakóvski, Kawabata, Cesare Pavese, Roman Gary, Stefan Zweig...

CIORAN: Me deixe dormir. Tenho uma gastrite que me dá uma náusea, de verdade... E, além disso, começo a perder a memória... Foi um milagre eu ter conseguido chegar em casa... Todo o dia de ontem, vaguei pela cidade...

O JOVEM: Todos se suicidaram à meia-noite... Gherasim Luca, Paul Celan, Urmuz...

CIORAN: Estou com dor de garganta, tenho uma sinusite horrorosa... Como você entrou na minha casa?

O JOVEM: Mas eu, eu tenho coragem de esperar até o alvorecer.

CIORAN: Você é o sobrinho da zeladora, da senhora Colombero?

O JOVEM: Não, senhor. Sou professor de Letras. Mas, em alguns instantes, vou me libertar de todas as letras. Li todos os seus livros. Mas, em alguns instantes, vou me libertar de todos os seus livros. Tenho, sim, coragem de fazer, juro. Mas primeiro é preciso que o senhor me dê permissão.

CIORAN: Não, não posso lhe dar a permissão. Você não é lúcido o suficiente para morrer.

O JOVEM: Senhor Cioran, lúcido ou não, exijo que o senhor me dê permissão para eu me suicidar. Li todos os seus livros. Sei todos de cor, estudei durante dez anos o seu pensamento, fiz um doutorado sobre o senhor. E agora, acabou, exijo do senhor um último gesto. Me dê permissão para eu me suicidar!

CIORAN: Ah! Você está me cansando... Não tenho o direito de lhe dar nada.

O JOVEM: Tem, sim! Tem, sim! O senhor é meu mentor intelectual, o senhor é o único homem que admiro, o senhor é minha família, amadureci lendo seus livros, fiz uma tese sobre o senhor de oitocentas páginas... Me diga sim, senhor Cioran.

CIORAN: Não!

O JOVEM: Me diga sim... Me ajude a me suicidar, senhor Cioran. Quero fazê-lo em sua presença.

CIORAN: Amanhã, depois do café da manhã.

O JOVEM: Não, não posso esperar até amanhã. O senhor não pode me obrigar a viver até amanhã...

CIORAN: Escute, a morte é um negócio íntimo, requer um pouco de decência...

O JOVEM: Não faz mal. O senhor não quer me dar a permissão, mas vou fazer do mesmo jeito. Mas quero que o senhor me olhe...

CIORAN: Até logo, meu jovem. Vou voltar a dormir. Estou acabado. Tomei muitos remédios para dormir.

O JOVEM: Senhor Cioran, quero que o senhor me dê a permissão para eu me atirar no vazio pela janela de sua mansarda.

CIORAN: Você está brincando? Você vai quebrar a coluna vertebral e vai passar toda a sua vida numa cadeira de rodas.

O JOVEM: Senhor Cioran, me ajude a me separar do senhor... O senhor é meu pai espiritual... Não me deixe acreditar que seu desespero foi apenas uma comédia.

CIORAN: Já é muito tarde…

O JOVEM: Muito tarde? O que o senhor quer dizer com isso?

CIORAN: Quando a gente toma a decisão de se suicidar, é de qualquer jeito tarde demais.

O JOVEM (*choramingando*)**:** Não, não me diga isso. Suas piruetas filosóficas, estou de saco cheio.

CIORAN: Venha, deite-se na minha cama.

(*Cioran obriga o jovem a se deitar na sua cama, cobrindo-o, em seguida, com as cobertas. O jovem treme.*)

O JOVEM: Estou com vergonha, estou com vergonha de tudo isso… Mas é que não consigo fazer isso sozinho… Minha mulher me espera lá embaixo…

CIORAN: Onde?

O JOVEM: Lá embaixo, em frente ao prédio… Já nos dissemos adeus, ela compreendeu tudo, ela me perdoou… Ela só espera a queda.

CIORAN: Durma, durma… Vou descer e falar com sua mulher…

O JOVEM: Ela espera minha queda… Ela me prometeu… Vai me olhar morrer… Está lá embaixo… Eu a obriguei a me prometer isso…

CIORAN: Relaxe um pouco… (*A jovem, com um coelhinho, entra choramingando.*) Olha aí, ele dormiu… Você está com frio? Você quer um chá?

A JOVEM COM O COELHINHO: Quero, sim. Obrigada.

CIORAN: Sente-se... Você está bem gripada... É seu marido? É verdade? Você prometeu que o veria morrer?

A JOVEM COM O COELHINHO: Sim... Ele teve um ataque. Por causa de um coelho.

CIORAN: Por quê?

A JOVEM COM O COELHINHO: Por causa do meu coelho que morreu e que queríamos enterrar.

CIORAN: Como você se chama?

A JOVEM COM O COELHINHO: Sílvia...

CIORAN (*preparando dois chás*)**:** Não sei por que todo mundo acha que sou especialista em suicídio... Um mestre de cerimônias da morte... E, no entanto, eu nunca disse que era preciso se suicidar... Disse o contrário... Que a ideia do suicídio é, paradoxalmente, a única que nos permite sobreviver... Aqui está... Vai lhe fazer bem... Beba devagarinho... Os chás devem ser sorvidos bem devagar... Quando morreu seu coelho?

(*Com pequenos goles, ambos bebem o chá.*)

A JOVEM COM O COELHINHO: Morreu ontem.

CIORAN: E foi por isso que seu marido quis se suicidar?

A JOVEM COM O COELHINHO: Sim.

CIORAN: Compreendo.

A JOVEM COM O COELHINHO: Ele era branco...

CIORAN: O coelho...

A JOVEM COM O COELHINHO: Sim...

CIORAN: Ele era velho?

A JOVEM COM O COELHINHO: Sim. Fazia dez anos que eu tinha aquele coelho. Era grande e muito bonzinho... De dia, ele ficava sozinho em casa. Tinha aprendido a fazer pipi na varanda. Às vezes, mordia o carpete, mas não muito.

CIORAN: Imagino que vocês gostavam muito dele.

A JOVEM COM O COELHINHO: Sim, ele era meu fofinho...

CIORAN: Conheço essa forma de amor visceral. Imagine você que eu me apaixonei aos setenta anos de idade...

A JOVEM COM O COELHINHO (*começando a chorar*): Dormia conosco.

CIORAN: E, a partir daí, vivo como um erotomaníaco. Só penso nela... Vamos lá, conte-me tudo.

A JOVEM COM O COELHINHO (*nos braços de Cioran*): Era branco, era inteligente... E depois, ontem de manhã, nós o encontramos morto, ao lado de nossa cama... Chorei o dia todo. Mas Gerard me disse que precisávamos enterrá-lo numa floresta. Então pusemos o coelho numa caixa de sapatos e fechamos com fita adesiva. Eu queria enterrá-lo no Bois de Boulogne. Mas Gerard disse "não, é preciso enterrá-lo num lugar seguro, numa floresta de verdade". Então pegamos o carro e fomos até a floresta de Rambouillet. E encontramos uma pequena clareira onde havia muitas folhas mortas, camadas e camadas de folhas mortas. A clareira era soberbamente iluminada pela lua e começamos a cavar um buraco no meio da clareira. E, num dado momento, perguntei a Gerard se o buraco era suficiente. Ele me disse "sim, mas vou cavar um pouco mais". E ele cavou um pouco mais e foi aí que... Não, não posso contar...

CIORAN: Pode, sim. Continue...

A JOVEM COM O COELHINHO: Topamos com outra caixa de papelão.

CIORAN: Tá vendo, quando a gente não para a tempo!

A JOVEM COM O COELHINHO: Sim, no buraco, juro, topamos com outra caixa de sapatos também com a fita adesiva. Como a nossa. E, além de tudo, ela não estava nem um pouco estragada, como se tivesse sido colocada no buraco uma ou duas horas antes de nós. Abrimos e encontramos lá dentro... um outro coelho branco morto.

CIORAN: Isso não me surpreende em nada, na verdade.

A JOVEM COM O COELHINHO: É isso mesmo, alguém tinha enterrado antes de nós um outro coelho no buraco que a gente tinha cavado para enterrar nosso próprio coelho... Então a gente começou a enlouquecer...

CIORAN: Você sabe, a morte é tão somente a antecâmara... Mas a antecâmara de quê?

A JOVEM COM O COELHINHO: Então comecei a gritar, ficamos com um medo horripilante, largamos a pá, com duas caixas com dois coelhos dentro, corremos para o carro e saímos em disparada. E depois Gerard disse que queria se suicidar já que "demais é demais". E aí a gente veio aqui para sua casa.

CIORAN: Mais um pouco de chá?

A JOVEM COM O COELHINHO: Não sei, tenho medo, senhor Cioran. Não compreendo... Por quê, por que quando a gente cava um buraco para enterrar um coelho morto, a gente topa com outro coelho enterrado lá pouco tempo atrás?

CIORAN: Não sei... Mas quem sabe vocês deveriam tê-lo enterrado no Bois de Boulogne, talvez... Não sei...

(A jovem com o coelhinho se deita ao lado de seu marido. Cioran cobre os dois com seu cobertor.)

Projeção sobre o telão: a Catedral de Notre-Dame, a praça da esplanada de Notre-Dame que transborda de turistas, os edifícios administrativos da ilha Saint-Louis ou de La Cité (O Palácio da Justiça, a prefeitura, etc.). Cioran vaga por um labirinto de corredores olhando as placas das portas dos inúmeros escritórios. As imagens se fragmentam e desaparecem.

No palco, Cioran diante de um guichê em que está escrito "Informações gerais". No guichê, a mulher que faz migalhas.

CIORAN: Bom dia, senhora... Desculpe-me, o serviço de estrangeiros ainda é no subsolo, a segunda porta à direita?

A MULHER QUE FAZ MIGALHAS (*sem olhar para ele, fazendo migalhas no guichê*): Não, no subsolo fica o departamento de moradia social, senhor.

CIORAN: Ah! Não é o que procuro... Se bem que... talvez eu devesse aproveitar... Vim para renovar minha carteira de identidade de estrangeiro, mas também tenho problemas com o proprietário... Faz anos que ele quer nos mandar embora, eu e minha companheira... Mas é verdade também que nós pagamos um aluguel bem baixinho... Tive sorte com uma lei de antes da guerra... Mas... eu conheço a senhora... A senhora é a mulher que faz migalhas, não é?

A MULHER QUE FAZ MIGALHAS (*sempre sem olhá-lo; fazendo migalhas e jogando-as aos pés de Cioran*)**:** O departamento de estrangeiros fica no final do corredor, senhor Cioran.

(*Uma pessoa que tem visivelmente um interesse administrativo se instala atrás de Cioran e espera sua vez para ir ao guichê.*)

CIORAN: Sim, obrigado... No final do corredor, à esquerda ou à direita? (*A mulher que faz migalhas não responde.*) No fim das contas, pouco importa... Eu tenho certeza de que já a encontrei, senhora... E de já ter feito esta pergunta... A senhora faz migalhas só para me chatear? A senhora sabe que estou apaixonado? Apaixonado há dez anos? Apaixonado por uma alemã que vi na Alemanha? E que telefono para ela todos os dias, escondido, de uma cabine telefônica? Que eu sofro como o mais puro dos adolescentes cheio de espinhas na cara?

A MULHER QUE FAZ MIGALHAS: Pegue uma senha, senhor, se vai ao departamento de estrangeiros.

(*Cioran pega algumas migalhas e se põe a comê-las. Uma outra pessoa chega e se coloca atrás de Cioran, formando a fila.*)

CIORAN: Desculpe... Não sei muito bem o que estou falando... E esqueci seu nome... O nome desta mulher que amo há dez anos... Apaixonar-se na minha idade... Ter fantasias eróticas, na minha idade... Hoje de manhã, quis telefonar, mas me dei conta de que tinha esquecido seu nome... E, no entanto, eu a amo... eu a amo... Seu número de telefone, em Colônia, sei de cor... Mas esqueci como ela se chama...

A MULHER QUE FAZ MIGALHAS: Senhor Cioran, depressa, há outras pessoas que esperam...

CIORAN: Mas ela me magoou... A senhora sabe o que ela me disse numa carta, há dez anos? Ela me disse que nossa relação não poderia ser de *ordem física*... A senhora vê? Eu, eu a desejo da maneira mais primitiva possível, e ela me obriga a uma relação platônica...

(*Uma terceira pessoa e em seguida uma quarta aparecem e se colocam na fila, atrás de Cioran.*)

A MULHER QUE FAZ MIGALHAS: Senhor Cioran, de verdade... O senhor é um grande filósofo cínico... O senhor não pode desvelar assim as suas fantasias eróticas diante do guichê da prefeitura de Paris.

CIORAN: O que ela gosta em mim não sou eu, é o outro, é meu desespero e minha maneira de desvelá-lo em aforismos... Eu, enquanto homem, fui para ela uma cruel decepção... Quando a gente se viu pela primeira vez, só falei dos meus pequenos problemas de saúde e do meu regime alimentar... Como seduzir uma mulher nessas condições? E, no entanto, eu a desejo como um louco, e tudo o que desejo é possuí-la!

(*Três outras pessoas se colocam diante do guichê e ficam na fila, atrás de Cioran.*)

A MULHER QUE FAZ MIGALHAS: É ela que há dez anos lhe envia uma carta por semana?

CIORAN: Sim, sim... Há dez anos que vou, escondido de minha mulher, buscar as cartas daquela alemã numa agência dos correios no quinto distrito, no serviço de caixa postal. E há dez anos só faço escrever cartas de amor... Tenho vergonha, tenho vergonha de verdade, todo o meu desespero existencial que tinha uma *finesse* tomou um caminho totalmente ridículo, só faço implorar o amor físico de uma mulher... Durante toda a minha vida desprezei tudo o que tinha a ver com arroubos amorosos e eis que com setenta anos me encontro apaixonado como um colegial... Senhora, já que faz migalhas, quem sabe poderia talvez rasgar também as cartas que eu lhe enviei? Tenho vergonha de tudo o que lhe disse e se porventura...

(*Exasperada, uma mulher que estava na fila atrás de Cioran começa a cantar uma canção de Mme. Butterfly, da ópera do mesmo nome, composta por Puccini. Muito incomodado, Cioran vai embora do guichê.*)

Cioran vaga pelos corredores. Finalmente, para diante de uma outra porta e abre. Dentro da sala, duas personagens: uma jovem datilógrafa diante de uma velha máquina de escrever mecânica e, a seu lado, de pé, o cego do telescópio que agora é chefe do departamento dos estrangeiros. Uma cadeira vazia no meio da sala. Quando Cioran abre a porta, o cego do telescópio faz um gesto em sua direção, convidando-o a entrar.

O CHEFE DO SERVIÇO A ESTRANGEIROS: Entre, senhor Cioran. Entre. Estamos à sua espera.

CIORAN: É aqui o departamento dos estrangeiros?

(*A datilógrafa bate bruscamente uma frase na máquina, poderia ter sido a pergunta de Cioran. A velha máquina de escrever faz aquele barulho de metralhadora totalmente infernal.*)

O CHEFE DO SERVIÇO A ESTRANGEIROS: Sente-se, por favor. A Comissão está reunida por você. Devo me apresentar: sou o chefe do departamento de estrangeiros.

CIORAN: Deve ter ocorrido algum erro. Não tenho nenhum encontro marcado. Vim aqui somente por uma informação... Na verdade, a cada quatro, ou seis, ou a cada dez anos, devo passar em um departamento da polícia para que coloquem um carimbo na minha carteira de estrangeiro...

(*O mesmo jogo da datilógrafa.*)

O CHEFE DO SERVIÇO A ESTRANGEIROS (*folheando um dossiê escrito em braile*): Mas o senhor é Emil Cioran, apátrida, nascido na Romênia, não é?

CIORAN: Sou eu mesmo.

O CHEFE DO SERVIÇO A ESTRANGEIROS: O senhor trouxe sua carteira de estrangeiro?

CIORAN: Sim, eu sempre a trago comigo... (*A datilógrafa se levanta, contorna a mesa e, com um gesto firme, obriga Cioran a se sentar. Ela revista os bolsos de Cioran.*) Obrigado por sua gentileza, senhorita. Isso cansa, tanto corredor... E, além de tudo, me mandam de um andar pro outro.

O CHEFE DO SERVIÇO A ESTRANGEIROS (*sempre lendo os documentos escritos em braile*): Nascido em Rasinari, na Romênia, dia 8 de abril de 1911. É isso...

CIORAN: O senhor sabe, a mulher que faz migalhas disse que moro no número 21 da rua do Odéon. Parece que moro lá há muitos anos...

(*A datilógrafa volta para seu lugar. Em geral, enquanto o chefe do serviço a estrangeiros coloca suas questões, a datilógrafa espera com as mãos no ar. Mas, logo em seguida, depois de cada resposta de Cioran, furiosa, ela se joga ferozmente sobre a máquina. O jogo se repete até o fim da cena.*)

O CHEFE DO SERVIÇO A ESTRANGEIROS: E o senhor chegou à França em 1937, como bolsista do Instituto Francês de Bucareste.

CIORAN: Mas, às vezes, confundo meu endereço pessoal com o endereço de uma agência de correio onde vou buscar minha correspondência.

O CHEFE DO SERVIÇO A ESTRANGEIROS: E em 1946 o senhor decidiu ficar definitivamente na França.

CIORAN: O senhor quer saber exatamente quanto pago de aluguel?

O CHEFE DO SERVIÇO A ESTRANGEIROS: Senhor Cioran, o senhor não está no departamento de habitação social, o senhor está no departamento de estrangeiros...

CIORAN: Ah, me desculpe, é que essa manhã, saindo da editora...

O CHEFE DO SERVIÇO A ESTRANGEIROS: O senhor ficou na França, mas não pediu a cidadania francesa.

CIORAN (*caindo na risada*): Imagine só que hoje de manhã esqueci o código da Alemanha... Entrei numa cabine telefônica, sabia perfeitamente o número que queria chamar, mas o código se evaporou!

O CHEFE DO SERVIÇO A ESTRANGEIROS: Mas isso não impede que a imprensa literária o considere um grande autor da língua francesa.

CIORAN: Eu nunca aceitei qualquer prêmio literário, nunca frequentei o meio literário.

O CHEFE DO SERVIÇO A ESTRANGEIROS: Senhor Cioran, responda à minha questão. O senhor é considerado um grande autor da língua francesa, mas nunca pediu a cidadania francesa.

CIORAN: Não, ser apátrida foi um grande alívio para mim. Não tinha mais uma pátria a trair ou servir, o que me dava uma dose suplementar de liberdade...

O CHEFE DO SERVIÇO A ESTRANGEIROS: O que não impede que sua pátria de origem, o senhor a maltratou bastante nos seus escritos, cá entre nós.

CIORAN: Meus escritos? Justamente tenho uns trinta cadernos que devo queimar...

A DATILÓGRAFA (*tomada por um repentino furor, berrando*)**:** A Comissão dos Estrangeiros lê tudo, senhor!

O CHEFE DO SERVIÇO A ESTRANGEIROS (*enquanto tenta acalmar a datilógrafa*)**:** O senhor traiu sua pátria... (*A datilógrafa lhe dá um pedaço de papel.*) Cito... (*Ele lê o texto escrito em braile.*) "Vazio valáquio", "deserto sem história", "país sem profetas e sem vontade histórica", "periferia de espírito", "país infestado de superstições e de ceticismo", "espaço puramente biológico, estéril, supérfluo, uma verdadeira maldição hereditária", "subsolo telúrico da civilização", "geografia sem história" onde "a atmosfera primitiva é horrorosa"...

A DATILÓGRAFA (*histérica, cochichando na orelha do chefe*)**:** Buraco do cu do mundo!

(*O chefe do serviço a estrangeiros fica atrapalhado por alguns segundos. Procura com os dedos na sua lista, mostra à datilógrafa, lhe diz qualquer coisa no seu ouvido. A datilógrafa abaixa os olhos, se acalma. O chefe do serviço a estrangeiros retoma a enumeração.)*

O CHEFE DO SERVIÇO A ESTRANGEIROS: "País resignado", "país da mediocridade", país que "vegetou durante mil anos", país que "não teve alma bem formada desde a origem", país onde "ninguém jamais se sacrificou por uma ideia", país "sem qualquer grande obsessão", país onde "as pessoas têm uma deficiência psicológica estrutural".

A DATILÓGRAFA (*incapaz de se conter*): País de nulidades!

(*Mesmo jogo, o chefe do serviço a estrangeiros faz uma cara de reprovação para a datilógrafa, cochicha qualquer coisa no seu ouvido e lhe mostra a lista. A datilógrafa abaixa os olhos e se acalma. O chefe do serviço a estrangeiros continua a enumeração.*)

O CHEFE DO SERVIÇO A ESTRANGEIROS: Então continuo a citar... País "sem dinamismo primordial", país que "sofre do seu pecado original, que é o vazio histórico", país cujos "flagelos seculares são o ceticismo, a passividade, a contemplação morna, a autodepreciação, o desprezo por si mesmo, a religiosidade menor, o fatalismo estúpido"...

(*Com um ar de triunfo em seu rosto, a datilógrafa entrega ao chefe do serviço a estrangeiros um pequeno pedaço de papel, sempre cochichando qualquer coisa no seu ouvido.*)

O CHEFE DO SERVIÇO A ESTRANGEIROS (*lendo*)**:** País marcado pelo "fatalismo estúpido" da balada "Miorita". Quem é "Miorita"?

CIORAN: É o mito fundador dos romenos... É a história de dois pastores que matam um terceiro e este terceiro é perfeitamente sereno diante de sua morte, uma serenidade que praticamente justifica o crime...

O CHEFE DO SERVIÇO A ESTRANGEIROS: E o senhor cita também Tsigane, que diz que "os romenos não são os últimos das nulidades, graças justamente aos Tsiganes, que ocupam o último lugar"...

(*O mesmo jogo, a datilógrafa cochicha qualquer coisa na orelha do chefe do serviço a estrangeiros e lhe passa mais uma mensagem.*)

O CHEFE DO SERVIÇO A ESTRANGEIROS: E o senhor diz também que "até os judeus da Romênia são menos brilhantes que os dos outros lugares, pois o meio medíocre acaba por paralisá-los"...

A DATILÓGRAFA (*aos berros*)**:** E apesar de tudo isso ele nunca, nunca foi capaz de pedir a nacionalidade francesa...

(*A datilógrafa tem uma verdadeira crise de histeria, ela se põe a tirar dúzias de pequenas mensagens e a colocá-las entre as mãos do chefe do serviço a estrangeiros.*)

CIORAN: Mas eu já lhes disse... Paguei tudo isso... Vivi na contracorrente... Não foi fácil... Assumi o horror do esquecimento... O horror de viver ao abrigo da história... Enquanto meu irmão e meus melhores amigos apodreciam nas prisões comunistas da Romênia, eu visitava a França de bicicleta... Vivi sem preocupações, nunca trabalhei fisicamente para ganhar meu pão... Nunca tive horários fixos, sempre detestei obrigações...

É verdade que sofri muito por causa de insônia, mas sempre adorei a sesta, tenho até uma teoria muito argumentada sobre a sesta... (*Levanta-se e se dirige à porta.*) Compreendo que minha atitude possa parecer desprezível... Querer a liberdade absoluta, se libertar do seu próprio país, se libertar do seu pensamento de juventude é, no final das contas, desprezível... E, além de tudo, ainda esqueço o prefixo da Alemanha.

A DATILÓGRAFA (*furibunda*): O senhor é um fascista. Tenho as provas... (*Na direção da porta.*) Tragam as provas!

(*O carregador entra empurrando um carrinho apinhado de manuscritos e dossiês. As pessoas que tinham feito a fila atrás de Cioran, em frente do guichê na cena precedente, agora mexem no monte de manuscritos.*)

CIORAN: Senhora, me perdoe... Minha memória me escapa... Não sei nem mesmo por que vim parar aqui... Senhora, senhor... Atravessei um século... É meu único mérito... Eu só estava de passagem... É isso aí.

A DATILÓGRAFA: Na sua juventude, o senhor glorificou o delírio irracional dos fascistas. E suspeito que o senhor continue a acalentar, no fundo do seu coração, essa fascinação pelo fascismo!

O CHEFE DO SERVIÇO A ESTRANGEIROS (*tentando dominar a datilógrafa*): Querida...

A DATILÓGRAFA: O caramba! (*Para Cioran, enquanto abre uma dúzia de dossiês.*) De todo jeito, durante toda a sua vida, o senhor só fez isso, tentar se esconder do seu passado, tentar esconder sua admiração por Hitler.

CIORAN: Senhorita, é verdade que faz dez anos que tenho tido conversas intermináveis com uma jovem alemã... para quem eu ligo sempre escondido... Mas, no entanto, telefono de uma cabine pública...

A DATILÓGRAFA (*subindo na mesa e começando a jogar os dossiês para todos os lados da sala*): E seu amigo, Mircea Eliade, ele também foi um fascista! Aqui, tenho as provas, ele foi membro da Guarda de Ferro! E o outro, o terceiro do grupo, Ionesco, esse sabia de tudo... Aqui, tenho as provas, e não disse nada. Portanto, vocês são todos os três fascistas.

CIORAN: Senhorita, só faço procurar um endereço... Moro em algum lugar por aqui, tenho até uma chave. Talvez seja a chave do meu apartamento, não sei... Tem tantas portas nesse bairro. E eu só tenho uma chave. Como fazer para voltar para casa, para encontrar a porta certa, quando a memória se esvai?

A DATILÓGRAFA: Você escondeu tudo! Todas as suas cartas de juventude, todos os seus escritos de juventude...

CIORAN: Senhorita, talvez a senhorita tenha nascido com várias chaves, ou quem sabe possua uma chave que abre todas as portas, mas eu, desde sempre, só tive uma única chave que abre uma porta apenas. E tive que navegar nesse século miserável com uma só chave...

A DATILÓGRAFA: Toda a sua vida o senhor só fez isso, tentar apagar seu passado! Seu passado de fascista...

CIORAN: É isso... Faz duas horas, eu tento em todas as portas do bairro... Tentei todas as portas da rua Monsieur-le-Prince... E não consegui abrir nenhuma...

É mesmo surpreendente, para que serve uma chave se ela só serve para abrir uma só porta?

O CHEFE DO SERVIÇO A ESTRANGEIROS: Senhor Cioran, se o senhor nos fechar mais uma vez aqui, nós vamos dar queixa...

A DATILÓGRAFA (*num furor histérico*)**:** Drácula! Drácula! Drácula!

(*Por alguma estranha razão, o chefe do serviço a estrangeiros e a datilógrafa não fazem qualquer gesto para agarrar Cioran, como se estivessem numa impossibilidade física de sair da sala. Cioran sai furioso, fecha a porta, tira a chave do seu bolso, tranca a porta à chave, verifica se a porta está bem trancada, coloca a chave no bolso e se vai.*)

Projeção num telão. Imagens parisienses, mais precisamente um percurso entre o quinto e o décimo terceiro bairro, entre a igreja Saint-Médard, situada na rua Mouffetard, e o hospital Broca. A câmera explora a rua Broca, única do gênero, pois ela passa embaixo da avenida de Port Royal. Vê-se, em seguida, o pátio do hospital Broca, seus corredores... As imagens se fragmentam e se apagam. No palco, uma assistente médica vestida de branco (que talvez seja a mulher que faz migalhas) chega e pega Cioran pela mão. Cioran se deixa levar pela mulher de branco.

A MULHER DE BRANCO: Senhor Cioran... Senhor Cioran, o senhor está me escutando?

CIORAN: Sim...

A MULHER DE BRANCO: O Senhor sabe quem eu sou?

CIORAN: Sim... Você é Corina.

A MULHER DE BRANCO: O senhor sabe onde está?

CIORAN: Sim, estou no hospital Broca.

A MULHER DE BRANCO: Venha, o senhor precisa voltar para o seu quarto. Nós já explicamos ao senhor que não pode ficar aí passeando pelas outras salas. O senhor está me escutando?

CIORAN: Sim...

A MULHER DE BRANCO: O senhor sabe voltar para o seu quarto sozinho?

CIORAN: Não sei. Aqui é o bairro das feiticeiras... Rua Broca, é conhecida pelas feiticeiras... Não sei por que tiveram que me trazer logo aqui. Há tantos hospitais em Paris... E tudo porque, dois dias atrás, voltando da editora Gallimard, eu me perdi... Esqueci o caminho de casa. Mas todo esse esquecimento tem um sentido...

A MULHER DE BRANCO: Vamos lá, mostre-me que o senhor sabe voltar para o seu quarto. Onde é seu quarto?

CIORAN: Esquecer o caminho de volta não é grave. E, sendo romeno então, como eu sou, é quase normal. Os meus compatriotas esqueceram mil anos de história. Se a senhora pergunta para eles "o que é que vocês fizeram durante mil anos?", eles sorriem como uns imbecis... Esqueceram mil anos de história, a senhora se dá conta? Então como é que a senhora pode querer que eu saiba onde é meu quarto? Será que é por ali?

A MULHER DE BRANCO: Sim, é isso aí. Parabéns! Aí, mostre-me que o senhor sabe onde é o seu quarto...

CIORAN: É isso aí, os romenos são um povo sem memória... Uma péssima memória do passado, mas também uma memória péssima do futuro. Se lhes perguntam "o que vocês vão fazer nos próximos mil anos?", eles vão sorrir como uns imbecis... (*Ele indica uma porta.*) É ali... No final do corredor... À esquerda...

A MULHER DE BRANCO: É isso aí! Muito bem! Parabéns!

CIORAN: Aqui está a chave...

A MULHER DE BRANCO: Não, senhor Cioran... Esta aqui é a chave do seu apartamento. A do seu quarto de hospital fica sempre aberta.

CIORAN: Isso vale a pena registrar... Durante toda a sua vida, o homem não para de fechar as portas à chave, a não ser a chave do seu quarto de hospital, que nem tem mais chave... Olha aqui, comprei um caderno novo... Anoto nele as coisas essenciais... Anotei meu endereço, o prefixo da Alemanha, as horas em que devo tomar remédio...

A MULHER DE BRANCO: É muito bom isso... Se o senhor se lembra de que é preciso anotar as coisas no seu caderno, isso é muito bom. É preciso fazer exercícios de memória, senhor Cioran...

CIORAN: Sim, sim... Veja... Eu até anotei meu nome... Me chamo Emil Cioran... Anotei minha idade... Oitenta anos... Anotei os títulos dos meus livros... Meu Deus, como escrevi livro! É demais... Portanto, veja bem, me exercitei... Se bem que... Dizem que, quando a memória começa a se mandar, não há mais nada a fazer. A gente esquece até de fazer exercícios para a memória... Mas não é grave... De qualquer maneira, eu já esperava por isso... Toda a minha vida tive orgulho de minha lucidez. Mas, agora, a lucidez acabou. Não há lucidez sem memória... Podia ter passado sem essa, sem saber isso. Felizmente, o senhor Alzheimer estava lá para me ensinar...

(*Cioran para na frente de uma porta.*)

A MULHER DE BRANCO: Então? É esse seu quarto?

CIORAN (*olhando no caderno*): Não, é esse aqui do lado...

A MULHER DE BRANCO: Muito bem! Parabéns! Estou muito orgulhosa do senhor, senhor Cioran. Vamos lá, agora nós vamos entrar e vamos descansar.

CIORAN: Claro... Lógico... A perda de memória, isso descansa bastante. Passei toda a minha vida querendo ser um animal, queria ser um cavalo ou um cachorro... Ou vaca, uma linda vaca da Normandia...

(*Entram no quarto, onde há dois leitos e um armário.*)

A MULHER DE BRANCO: Vamos lá, concentre-se. Qual dos dois é o seu leito? O da direita ou o da esquerda?

CIORAN: Realmente, agora a senhora está exigindo demais. Eles são idênticos.

A MULHER DE BRANCO: Mas, na noite passada, o senhor dormiu em um deles, o da direita ou o da esquerda?

CIORAN: A noite passada... (*Olha no seu caderno.*) A noite passada, dormi no armário... Tinha muita gente aqui, gente que passava sem parar pelos corredores, uma garota que me chamou de fascista... E que me obrigou a me enfiar no armário... (*De repente ele olha para a mulher de branco como se ele a visse pela primeira vez.*) Qual é o seu nome? A senhora não é, por acaso, a mais velha das irmãs Domnaru?

A MULHER DE BRANCO: Senhor Cioran... Como é possível? Há dez minutos, o senhor me chamou pelo meu nome.

CIORAN: Dez minutos... É muito, dez minutos? Vou ficar no leito da esquerda... (*Senta-se.*) Estou cansado. Mas, apesar disso, não consigo dormir... Penso que volto ao reino animal na velocidade do grande V. Talvez eu já tenha virado coelho... Se eu morrer, me enterrem no Bois de Boulogne, tá bem? Na floresta de Rambouillet, nem pensar, por favor.

A MULHER DE BRANCO (*colocando uma almofada sob a nuca de Cioran, etc.*)**:** Pronto... Um pouquinho de descanso vai lhe fazer bem. O senhor espera visitas?

CIORAN (*olhando seu caderno*)**:** Sim. Tem meu irmão que devia vir... Eu o esperei na estação, mas o trem não chegou a tempo... Seu trem deve ter atrasado. Mas é normal. Quando a gente começa a perder a memória, é normal que os trens que a gente espera se atrasem...

A MULHER DE BRANCO: Aqui o senhor tem uma campainha. Está vendo? Se precisar de mim, aperte a campainha. Tudo certo? Vamos lá. Até mais tarde.

(*Cioran anota alguma coisa no seu caderno e depois toca a campainha.*)

Senhor Cioran, o que é que foi?

CIORAN: Queria que tirassem a minha temperatura... Estou com um formigamento nas pernas... Minha memória está se esvaindo pelas minhas pernas... Se amanhã, entrando aqui, a senhora encontrar um monte de cenouras na minha cama, não fique em pânico, senhorita... É que minha metamorfose em legume finalmente chegou ao fim...

(*A mulher de branco tira a temperatura de Cioran.*)

A MULHER DE BRANCO: Não se mexa.

CIORAN: E então?

A MULHER DE BRANCO: Tudo normal.

CIORAN: Normal... Muito bem... Por que não? Que azar esse tal de mal de Alzheimer... A gente esquece até que está doente... Mas tá bom... No final vou ficar inerte, tão desprovido de interioridade como um rochedo perto do mar... É tudo que pedi durante toda a minha vida... E o que o destino me reservou para o fim me parece demais com uma punição... Quem sabe Deus existe mesmo? Se não fosse isso, quem teria interesse em se divertir assim comigo?

A MULHER DE BRANCO: Descanse, senhor Cioran. Tente não pensar mais. Faça um pequeno esforço, tá certo? E nada de entrar no armário. É perigoso se esconder no armário... O armário é proibido. O senhor me promete, senhor Cioran, não entrar no armário?

CIORAN: Sim, prometo não entrar mais no armário.

A MULHER DE BRANCO: Vamos lá, repita depois de mim... O armário é proibido.

CIORAN: O armário é proibido.

A MULHER DE BRANCO: Mais uma vez. O armário é proibido. Anote isso no seu caderno.

CIORAN: Anoto. O armário é proibido.

(*A mulher de branco sai. Cioran apaga a luz. Alguns momentos de silêncio. A porta do armário se abre. No armário, a datilógrafa está batendo à máquina, ao passo que o cego do telescópio está de pé, imóvel.)*

A DATILÓGRAFA (*gritando histericamente*): O senhor é um leninista! Um leninista dissimulado! O senhor é um leninista, encontrei as provas, pronto! (*Ela joga muitas folhas no quarto.*) O senhor é um admirador de Lênin, da revolução bolchevique, já sei de tudo!

O CEGO DO TELESCÓPIO (*balançando um texto escrito em braile para comprovar as palavras da datilógrafa*): Aqui, aqui...

A DATILÓGRAFA: Seu palhaço! O senhor foi um admirador de Lênin e de Trótski... (*Ela lê.*) "Uma revolução que não modifica as relações de propriedade é uma mascarada!" Foi isso que o senhor escreveu! "O capitalismo, com todas as suas qualidades, foi ultrapassado como etapa histórica..." Esse é o seu pensamento verdadeiro. Seu sonho verdadeiro era a revolução permanente! Seu trotskista e marxista ressentido! A Rússia sempre o fascinou! Stálin sempre o fascinou! Vamos lá, reconheça que o senhor sempre foi, no fundo do seu ser, um stalinista! Seu leninista, trotskista, stalinista, maoista, comunista camaleão! Tenho todas as provas...

O CEGO DO TELESCÓPIO (*sempre balançando o texto escrito em braile*): Tá tudo aqui, tá tudo aqui...

(*Sem emitir qualquer palavra, Cioran acende a lâmpada, desce da cama, procura seus chinelos, vai até o armário, fecha a porta e barra a porta com uma cadeira. Volta para seu leito, apaga a luz. Escuta-se o barulho da máquina de escrever dentro do armário. Cioran cobre a cabeça com um travesseiro. Alguns momentos de silêncio. Alguma coisa se move no chão. Escuta-se um barulho de uma placa de metal. Descobrimos em seguida que, no meio do quarto, tem uma grande tampa de ferro, a tampa de uma boca de canal. Alguém no canal faz esforços desesperados para levantar a tampa. Vê-se finalmente aparecer a cabeça do cego do telescópio e a cabeça da datilógrafa.)*

A DATILÓGRAFA: Apóstata! Blasfemo! Renegado! Ninguém jamais ousou sujar Deus como você o fez! Ninguém jamais ousou depreciar os santos como você fez, você! Ninguém jamais ousou demolir a religião ortodoxa como você fez, você! Você, um filho de padre! Seu ateu macabro! Não sobra nenhuma ideia suscetível de salvar o homem que você assassinou! Assassino! Assassino! É isso que você é, na verdade! Um assassino psicopata perigoso...

(Mesmo jogo. Cioran se levanta, procura seus chinelos. Vai à boca do canal, substitui a tampa e põe um móvel sobre a tampa para impedir uma nova irrupção das duas personagens. Ele volta para a cama. Alguns momentos de silêncio. Cioran se lembra de algo. Ele se levanta, pega seus chinelos, vai até a boca do canal. O telescópio do cego ficou no quarto; ele o joga no canal.)

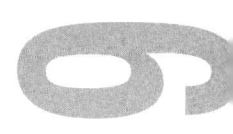

Projeção no telão gigante. O mar, a praia Dieppe, os albatrozes girando acima das ondas. Cioran passeia na praia. Uma jovem sai do mar e se dirige a ele. Na cena, a jovem saída do mar e Cioran.

A JOVEM SAÍDA DO MAR: Senhor... Desculpe-me, senhor...

CIORAN: Sim?

A JOVEM SAÍDA DO MAR: Por acaso o senhor não viu uma bicicleta?

CIORAN: Uma bicicleta?!

A JOVEM SAÍDA DO MAR: Deixei minha bicicleta vermelha em algum lugar e não consigo achá-la.

CIORAN: Você deve estar com frio, menina... Você nada com esse tempo?

A JOVEM SAÍDA DO MAR: Estou acostumada com o mar... Nasci em cidade de praia... O senhor encontrou muita gente quando vinha para cá?

CIORAN: Não, a praia estava totalmente deserta.

A JOVEM SAÍDA DO MAR: Então foi o mar que abocanhou minha bicicleta... Só pode ter sido isso. Eu tinha deixado ela protegida ali, ao lado dos rochedos.

CIORAN: Quais? Todas as rochas são muito parecidas. E, além do mais, com esse céu cinza, tão baixo... fica tudo achatado, os contornos apagados...

A JOVEM SAÍDA DO MAR: O senhor tem um cigarro, por acaso?

CIORAN: Não, não creio... Mas mesmo assim pode procurar nos meus bolsos... A gente nunca sabe... De todo modo, começo a perder a memória.

(*A jovem saída do mar procura nos bolsos do casacão de Cioran.*)

A JOVEM SAÍDA DO MAR: Não, não tem mesmo. Só tem essa chave.

CIORAN: Nem sei de onde é esta chave.

(*A jovem saída do mar entrega a Cioran seu casacão.*)

A JOVEM SAÍDA DO MAR: Bem, de todo modo, obrigada. Preciso ir.

CIORAN: Espere! Onde é que você vai, menina?

A JOVEM SAÍDA DO MAR: No mar, por quê?

CIORAN: Me disseram que hoje é o dia de ressaca... A maré vai subir muito e o mar pode até engolir todas essas rochas...

A JOVEM SAÍDA DO MAR: Eu sei. Mas não se preocupe, que eu sou uma ótima nadadora...

CIORAN: Menina, me diga a verdade... Você faz parte da minha memória fragmentada? É o mar que brinca com minha memória e que me remete a alguns vislumbres do passado?

A JOVEM SAÍDA DO MAR (*com ternura, ela o beija na boca*): Sim, uma vampira da Transilvânia.

CIORAN: Você é um reflexo do passado ou do futuro? Minha perda de memória é um pouco como um eclipse da lua. Tem uma sombra gigantesca projetada sobre minha fonte principal de luz. Sim, estou de acordo... O futuro é somente o último sobressalto do passado em sua tentativa de se arrancar do abraço do nada... Mas você está viva... Você é o contrário do nada e, entretanto, você sai da minha memória...

A JOVEM SAÍDA DO MAR: Sim.

CIORAN: Como você se chama?

A JOVEM SAÍDA DO MAR: Vivemos cinquenta anos juntos. E, nas suas cadernetas, nos seus cadernos, meu nome não aparece nem mesmo uma só vez.

CIORAN: Me desculpe... Estou cansado... Não me lembro de mais nada... Ou melhor, ainda consigo me virar para ir à estação Saint-Lazare e para comprar uma passagem para Dieppe... Queria ainda ver o mar uma vez mais antes de ser engolido pelas grandes marés...

A JOVEM SAÍDA DO MAR: Me chamo Simone.

CIORAN: E nós estamos no começo ou no fim de nossa vida em comum?

A JOVEM SAÍDA DO MAR: Não sei, Emil.

CIORAN: Me chamo Emil? Ficamos juntos cinquenta anos e você continua assim tão jovem?

A JOVEM SAÍDA DO MAR: Bem, até logo.

CIORAN: Simone...

A JOVEM SAÍDA DO MAR (*quase toda invadida pelo mar*): Sim?

CIORAN: Essa chave... A chave que você encontrou no meu bolso... Ela é nossa? Ela é de quem? Ela é minha? Ela abre o quê, esta chave?

A JOVEM SAÍDA DO MAR: Não sei...

CIORAN: É a chave do nosso apartamento?

A JOVEM SAÍDA DO MAR (*desaparecendo no mar*): Não sei...

CIORAN: Simone... (*Ele dá alguns passos atrás da mulher, ele lhe dá a chave.*) Me perdoe...

(*Cioran ensaia alguns passos atrás da jovem saída do mar. Ela desaparece. Cioran topa com o cego do telescópio. Este, com o pé na água, está montando seu telescópio no tripé. O tripé está, e ele também, com os pés na água.*)

O CEGO DO TELESCÓPIO: Quer ver a lua, senhor? Quer perscrutar as estrelas? Não é caro, senhor. Uma pequena moeda para ver a lua, duas pequenas moedas para ver as estrelas... O céu promete estar muito estrelado esta noite... A Via Láctea será perfeitamente visível... Senhor... Tenha piedade de um cego que ganha sua vida com um telescópio.

CIORAN: Você me cansa com esse telescópio. Não quero ver as estrelas. Quero ver os humanos. Merda!

O CEGO DO TELESCÓPIO: Senhor... Espere aí... O senhor é alérgico a estrelas? Senhor!

(*O mar traz para a praia um monte de objetos. Livros, cobertas de lã, uma cadeira estragada, uma mala...*)

Ele se foi... É isso aí... Tem gente assim... O céu, o céu deixa eles loucos de raiva... Não suportam a imensidão do céu... Isso lhes dá vertigem... Eles se sentem subitamente engolidos pela imensidão celeste... Pena que não há telescópio para observar os peixes no mar... Penso que as crianças iam gostar disso... Observar o fundo do mar com um telescópio gigante... As conchinhas, as algas, os peixes... Isso tudo é muito bonito... Mesmo os destroços... Não há nenhum telescópio para observar os destroços... A espécie humana é mesmo bizarra...

(*O nível do mar sobe, o telescópio está quase dentro do mar. O mar começa a jogar na praia um monte de objetos estranhos: uma cadeira de rodas esmagada, caixas de papelão com coelhos no interior, livros, etc.*)

Projeção no telão. Paris à noite. Imagens rápidas, diríamos mesmo explosões parisienses. A projeção termina com as imagens do Palais de l'Elysée.

As imagens se fragmentam e desaparecem. Diante dos portões do Palais de l'Elysée, a sede da Presidência da República Francesa. Na cena estão Cioran e o policial, em seguida o Presidente.

O POLICIAL: O senhor deseja…?

CIORAN: Vim para a recepção…

O POLICIAL: Mas não há recepção esta noite.

CIORAN: Como assim? Você tem certeza? Fui convidado pelo Presidente.

O POLICIAL: Senhor, o Presidente não está recebendo hoje. Não há ninguém aqui.

CIORAN: Mas esse é o Palais de l'Elysée. Não sou louco. Tenho um convite. Veja. Fui convidado pessoalmente pelo Presidente da República Francesa.

O POLICIAL: Seu convite já caducou, meu senhor. O senhor está seis anos atrasado.

CIORAN: Ah, então estou tão atrasado assim? Veja bem, venho quando posso. O Presidente da República Francesa teve a gentileza de me convidar duas vezes... E eu não tive tempo de honrar seu convite... Achava isso muito chato... Bem, pouco importa... O importante é que mudei de opinião. Pensei comigo... Talvez ele precise de mim, o senhor Presidente. Talvez queira conversar sobre a morte, o nada, o vazio existencial...

O POLICIAL: Volte para a sua casa, meu senhor. O Presidente da República não está aqui hoje. O Presidente da República está doente. Ele está internado no hospital Cochin...

CIORAN: Veja, e eu estou no hospital Broca... Bem, então, não há jantar no Elysée esta noite... E, no entanto, ele me convidou duas vezes... Apesar do fato de eu ser apátrida...

(*Um vulto aparece na noite. É a sombra de Mitterrand. Distinguem-se um chapéu preto e uma echarpe vermelha. O vulto do Presidente fica na penumbra durante toda a cena.*)

O PRESIDENTE: Deixe entrar o senhor Emil Cioran.

O POLICIAL: Senhor Presidente! Estou confuso...

O PRESIDENTE: Deixe entrar o senhor Emil Cioran.

CIORAN: Obrigado. Obrigado, senhor Presidente. Perdoe-me pelo atraso. O senhor teve a gentileza de me convidar por duas vezes. E eu não vim. Devo-lhe desculpas.

O PRESIDENTE: Sente-se, senhor Cioran. Quer beber alguma coisa? Um chá?

CIORAN: Não, obrigado... Obrigado, senhor Presidente. Vim vê-lo, mas, de qualquer maneira, não tenho muito tempo. A perda da minha memória é cada vez mais violenta...

O PRESIDENTE: E você corre o risco de, de uma hora para outra, esquecer a própria razão que o trouxe aqui, ao Palais de l'Elysée.

CIORAN: Na verdade, me sinto um pouco culpado. Sempre detestei a cúpula do poder. Na Romênia, quando eu era jovem, detestava profundamente o rei. Mais tarde, sempre evitei ficar perto da gente do poder, a partir de um certo nível...

O PRESIDENTE: Mas porque eu sou o Presidente da República Francesa...

CIORAN: E porque eu amei tanto a França...

O PRESIDENTE: Sim, mas você sempre achou a França um pouco cansada...

CIORAN: Cansada? Cansada como todos... Sei lá.

O PRESIDENTE: O senhor até disse em algum lugar que ela é um museu incapaz de engendrar um futuro.

CIORAN: Eu disse tudo isso? O senhor sabe, eu disse tantas coisas... Numa época minha vida se resumia a chocar as pessoas...

O PRESIDENTE: Isso eu sei bem, senhor Cioran...

CIORAN: Sim, houve uma época em que eu amava frequentar os salões... As pessoas me convidavam para me escutar falar, para que eu lhes dissesse coisas interessantes... E então, para contrariá-las, eu só dizia banalidades... Uma vez jantei com três autores da moda... E só falei do bidê... Fiz a teoria do bidê... Apesar de tudo, ainda é uma grande invenção francesa, o bidê.

O PRESIDENTE: O senhor sabe que eu tenho um câncer de próstata, senhor Cioran?

CIORAN: Sim. E eu, doença de Alzheimer.

O PRESIDENTE: O senhor acha que ainda existe um livro que eu deveria ler ou reler antes de morrer, senhor Cioran?

CIORAN: Sim, com certeza.

O PRESIDENTE: Qual?

CIORAN: *Mística do Oriente e do Ocidente*, de Rudolf Otto.

O PRESIDENTE: É verdade? O senhor acha que é indispensável para morrer?

CIORAN: Sim... De tudo o que li, e li muito, nada me parece mais interessante como releitura, antes da morte, que os místicos...

O PRESIDENTE: Somos talvez, nós também, de alguma maneira, místicos modernos, senhor Cioran. Místicos modernos... Mas como se pode ser místico moderno?

CIORAN: Refleti muito sobre essa questão nos últimos anos. Como adaptar o êxtase místico à modernidade...

O PRESIDENTE: Não se pode ser místico se não se viveu a experiência do êxtase diante de uma ideia. E nós dois, nós conhecemos esse êxtase, senhor Cioran. O senhor viveu o êxtase da demolição das ideias. Viveu como um assassino em série e como um louco. O senhor demoliu tudo, cada ideia disfarçada de valor, cada ideia que nos governa, cada ideia que faz parte, mesmo de modo insignificante, de nosso sistema de referências espirituais. Há matadores que confessam ter matado pelo prazer de matar, pelo êxtase que isso lhes proporcionava... O senhor, o senhor viveu essa forma de êxtase, o êxtase da negação, o êxtase do questionamento total, da devastação de nossas referências...

CIORAN: E o senhor, senhor Presidente, o senhor viveu certamente o êxtase do poder... E, como todo homem de poder que prova da vertigem das alturas, certamente sentiu, de um modo mais forte que os outros, a sombra da morte sobre todo edifício construído. Para alguém como o senhor, que atravessou todos os estágios antes de alcançar o cimo da pirâmide, chega um dia em que não se tem mais ninguém à sua frente, só a morte.

O PRESIDENTE: Será que ainda existe uma última viagem que eu deveria fazer, senhor Cioran, antes de morrer?

CIORAN: Sim.

O PRESIDENTE: Qual?

CIORAN: O Egito.

O PRESIDENTE: E por que o Egito?

CIORAN: Para… dizer adeus… Melhor dizendo, dizer bom-dia… às fontes… Eu mesmo nunca fui ao Egito. E me arrependo muito.

O PRESIDENTE: O senhor teve medo de ir ao Egito?

CIORAN: No Egito e na Índia… O senhor sabe, foi meu velho amigo Mircea Eliade que me dizia… é só pisar na Ásia, que tudo que a gente pensa saber da Europa se desintegra… Mircea tinha estudado na Índia com um grande professor hindu, Dasgupta. Esse Dasgupta, totalmente desconhecido entre nós, escreveu em inglês uma história da filosofia hindu, obra essencial, a mais importante que existe no assunto. Bom, e o senhor sabe quem era o maior pensador do Ocidente para esse professor hindu?

O PRESIDENTE: Platão? Kant? Marx?

CIORAN: Não… Johannes Eckhart.

O PRESIDENTE: Johannes Eckhart?! Mestre Eckhart…

CIORAN: Sim.

O PRESIDENTE: Portanto, visto da Ásia, o maior e mais profundo pensador do Ocidente é, por assim dizer, alguém desconhecido ou pouco conhecido no Ocidente…

CIORAN: É espantoso, não é?

O PRESIDENTE: Sim. Ou… não…

CIORAN: Como está o seu câncer de próstata, senhor Presidente?

O PRESIDENTE: Mal. E seu Alzheimer?

CIORAN: Mal. Mas, entre nós dois, o senhor está ganhando.

O PRESIDENTE: Por quê?

CIORAN: Porque pelo menos o senhor mantém sua lucidez.

O PRESIDENTE: Mantenho, sim.

CIORAN: O senhor vai poder ser o espectador de sua própria morte.

O PRESIDENTE: Sim, terei certamente o prazer de viver esse pequeno momento de felicidade.

CIORAN: Ao passo que eu, de uma hora para outra, posso até esquecer o que a morte significa.

O PRESIDENTE: Começo a pensar que o modo como cada um morre não é um acaso.

CIORAN: O senhor certamente tem razão, senhor Presidente.

O PRESIDENTE: A morte é nossa última assinatura. Nosso modo de morrer resume sempre o sentido de nossa vida.

CIORAN: Que punição, para mim, é refletir toda a vida sobre a morte e naufragar no vazio não pela morte, mas pela perda da memória.

O PRESIDENTE: Por essa você não esperava.

CIORAN: Adeus, senhor Presidente. Esqueci por que vim aqui. O Senhor me pediu que viesse várias vezes e eu recusei... Mas esqueci qual o motivo...

O PRESIDENTE: Assim são as coisas. Tem gente que recusa o prêmio Nobel, pois recusar o prêmio Nobel é mais importante do que aceitar o prêmio Nobel, é como se a gente se premiasse com um prêmio ainda maior...

CIORAN: O senhor vai rir, mas eu sempre censurei meu amigo Ionesco por aceitar entrar para a Academia... E eu sempre censurei Beckett por aceitar o prêmio Nobel... De que valem todas essas palhaçadas?

O PRESIDENTE: Mas eu sei por que o senhor veio me encontrar só *agora*, senhor Cioran...

CIORAN: É uma mania... Eu sempre considerei que as pessoas se tornam interessantes quando não estão bem... Senhor Presidente...

O PRESIDENTE: Obrigado, de todo jeito, senhor Cioran...

(*O carregador faz sua aparição. Empurra um carrinho de bagagens sobre o qual se encontram duas ou três malas. Atravessa a cena e se afasta. O Presidente vai atrás dele.*)

CIORAN: Mas... O senhor vai para onde com estas malas?

O PRESIDENTE: Para o Egito.

(*O Presidente se afasta atrás do carregador.*)

A mulher de branco entra empurrando uma cadeira de rodas vazia.

A MULHER DE BRANCO: Senhor Cioran... Senhor Cioran... Faz uma hora que eu estou procurando o senhor por toda parte... Onde estava?

CIORAN: Procurei uma cabine telefônica no bairro inteiro... Mesmo que eu não me lembre para quem ia telefonar...

A MULHER DE BRANCO: O senhor ainda se escondeu numa sala, não foi? O senhor só faz besteiras, senhor Cioran...

CIORAN: Está assim de gato preto e feiticeira por ali, entre a rua Broca e a rua Pascal... Se eu fosse você, não passava jamais à meia-noite diante da igreja Saint-Médard, ali ao lado da rua Mouffetard...

A MULHER DE BRANCO: Ontem o senhor trancou vários doentes na sala da máquina de lavar...

CIORAN: Ainda tem alguns iluminados errantes por lá. A senhora sabia que na Idade Média o lugar era um verdadeiro pátio dos milagres?

A MULHER DE BRANCO: Vamos lá, o senhor precisa se arrumar para dormir. O senhor vai se deitar.

CIORAN: Era o lugar de peregrinação, de aparições, de histerias coletivas e de autos de fé... Sempre evitei aquela pracinha ali, em frente da igreja Saint-Médard...

(*A mulher de branco obriga Cioran a se sentar na cadeira de rodas.*)

A MULHER DE BRANCO: Pronto... E agora me diga onde é seu quarto...

CIORAN (*consultando seu caderninho*): No final do corredor, à esquerda.

A MULHER DE BRANCO: Pronto... Parabéns... E agora, olhe, são oito horas da noite. O que é preciso fazer agora, senhor Cioran...

CIORAN (*procura no seu caderninho*): Não sei...

A MULHER DE BRANCO: Página oito ao alto... É hora de ir para a cama.

CIORAN (*lendo*): Ah. Sim, é definitivamente hora de ir para a cama.

A MULHER DE BRANCO: Senhor Cioran, se o senhor não fizer um pouco de esforço, se não levar a sério esses exercícios de memória...

CIORAN: Eu, eu adoro os exercícios de memória... É por isso que saí para encontrar um orelhão, mas...

A MULHER DE BRANCO: Então repita depois de mim: oito horas da noite é hora de se deitar.

CIORAN: É hora de se deitar.

A MULHER DE BRANCO: Tomamos sopa e vamos dormir.

CIORAN: A gente come a nossa sopinha e a gente vai para a cama.

A MULHER DE BRANCO: Pronto! Funciona.

(Escuta-se o relógio de uma igreja que dá oito badaladas. A mulher de branco desaparece como um fantasma. Cioran fica girando com sua cadeira de rodas.)

CIORAN: Esse aí é o relógio da igreja Saint-Médard... Eu disse que se escutava até aqui. A gente escuta a noite inteira... Onde você está? São oito horas... Emil Cioran toma sua sopinha direitinho... E agora, Emil Cioran vai direitinho para a cama... É isso aí, parabéns!... E agora, Emil Cioran vai sozinho para o salão... Emil Cioran só faz besteira... Menina, onde você está? É isso aí, primeiro me obrigam a fazer exercícios de memória e depois me abandonam...

(Cioran abre uma porta. Vemos uma sala que relembra algo de uma câmara frigorífica. Tudo está gelado. No meio da sala, a datilógrafa e o chefe do serviço a estrangeiros estão se esquentando em volta de um fogo onde atiram folhas de papel. De tempos em tempos, tiritando, eles jogam manuscritos nas chamas para alimentar o fogo. As duas personagens parecem congeladas, esfomeadas, trancadas naquela sala há muito tempo.)

O CHEFE DO SERVIÇO A ESTRANGEIROS: Senhor Cioran, o senhor está intimado a nos deixar sair!

A DATILÓGRAFA: Fascista! Comunista! Blasfemador! Bufão! Dissimulador! Erotomaníaco! Com você, até os elogios têm como objetivo final a aniquilação. E, de todo modo, você só tece elogios aos judeus.

CIORAN: É porque eu sempre lamentei o fato de não ser judeu... Sim, é isso, no fundo de minha alma, sempre quis ser judeu. Nascer judeu, isso resolve já um grave problema, o de ancoragem num destino e numa história.

A DATILÓGRAFA: Passe para cá essa maldita chave! Já chega! Você não pode nos manter trancados aqui indefinidamente!

O CHEFE DO SERVIÇO A ESTRANGEIROS: Senhor Cioran, de verdade, já chega... Nos deixar aqui apodrecendo nesse buraco de sua memória debilitada...

A DATILÓGRAFA: Perjuro! Traidor! Carcereiro! Não somos personagens de sua memória, senhor Cioran!

CIORAN: E depois, nos dias que correm, só os judeus são realmente livres, só os judeus podem ainda avançar o pensamento, porque são livres. São livres porque são vítimas... O Ocidente estragou tudo com o Holocausto... Como se pode ainda manter um pensamento crítico depois de se haver dizimado nas câmaras de gás seis milhões de judeus? Pois um pensamento culpado não pode ser crítico...

A DATILÓGRAFA: É você, "O Empalador do pensamento"... Vlad, o Empalador do pensamento...

CIORAN: E um pensamento que não pode ser crítico é nulo, é uma espécie de cabeça gigante paralisada, obrigada a se olhar eternamente no mesmo espelho, obrigada a repetir ao infinito as mesmas frases autocríticas. Adeus!

O CHEFE DO SERVIÇO A ESTRANGEIROS: Senhor Cioran, é a última vez que eu o intimo... Queremos sair! Já chega! Queremos sair de sua memória esburacada...

(Cioran sai e fecha a porta à chave. Do outro lado, as personagens batem na porta, gritam, etc. Cioran perambula ainda um tempo em sua cadeira de rodas. Empurra uma outra porta. Na sala, várias pessoas estão reunidas em volta de um bolo de aniversário. Parece que todo mundo esperava Cioran. As velas foram acesas. O cego do telescópio, a mulher que faz migalhas, o carregador, o jovem e a jovem com o coelhinho aplaudem Cioran. O cego do telescópio abre uma garrafa de champanhe.)

O CEGO DO TELESCÓPIO: À sua saúde, senhor Cioran! E feliz aniversário!

O CARREGADOR: É graças ao senhor que ainda estamos vivos.

A MULHER QUE FAZ MIGALHAS: Vejam só! Entre, querido mestre. Preparamos uma surpresa para o senhor.

O CEGO DO TELESCÓPIO: Mas, primeiro, as apresentações. Nós formamos a Sociedade dos Resgatados dos Campos de Extermínio dos livros de Cioran.

(Aplausos, burburinho. As personagens bebem.)

O CEGO DO TELESCÓPIO: Em resumo, somos uma associação de depressivos, ansiosos, infelizes, sem religião fixa, ateus frouxos, apáticos doentios. Idiotas desprovidos de ternura, céticos bitolados, complexados, deficientes afetivos...

A JOVEM COM O COELHINHO: Em resumo, uma associação de estropiados de alma que conseguiram se virar graças a seus livros.

O CEGO DO TELESCÓPIO: Vejam só! Festejamos hoje os 45 anos de existência de nossa associação.

A MULHER QUE FAZ MIGALHAS: A sociedade foi criada seis meses depois da publicação do seu primeiro livro...

O CEGO DO TELESCÓPIO: Na época, éramos só três... Três pobres tipos que tinham desistido de se suicidar depois de ler seu livro. (*Risos, agitação, alguém enche os copos.*) E hoje somos dezenas de milhares. Temos filiais na Alemanha, na Itália, na Espanha e mesmo nos Estados Unidos.

O JOVEM: Estamos muito felizes de tê-lo conosco, senhor Cioran. Seus livros são verdadeiros campos de concentração. Saindo de seus livros, a única coisa a fazer é amar a vida... Amar as coisas simples...

O CARREGADOR: Comer, por exemplo.

A JOVEM COM O COELHINHO: Beber alguma coisa, conversar, passear pela cidade...

O CEGO DO TELESCÓPIO: Eu, eu leio *Os Silogismos da Amargura* uma vez a cada seis meses.

O CARREGADOR: Organizamos todo dia passeios guiados no bairro do Odéon, por exemplo. Estudamos minuciosamente todos os seus trajetos preferidos nos arredores do Teatro do Odéon, do Jardim de Luxemburgo.

A MULHER QUE FAZ MIGALHAS (*lê um prospecto*): Propomos… idas e voltas entre o 21 da rua do Odéon e a editora Gallimard… Passeios em volta da igreja Saint-Sulpice… Passeios matinais na alameda em que o senhor costumava encontrar Beckett, no Jardim de Luxemburgo, a qual aliás chamamos de Beckett… Os desvãos Cioran… para ir até o bulevar Montparnasse para visitar Ionesco.

O JOVEM: Mas lá existem vários avisos… Parece que o senhor, quando ia à casa de Ionesco a pé, quase nunca fazia o mesmo caminho. E, além do mais, muitas vezes o senhor dava grandes voltas pelo Jardim de Luxemburgo, pela rua Vaugirard, mesmo pela rua do Cherche-Midi… Como se quisesse despistar um perseguidor invisível…

O CEGO DO TELESCÓPIO: Vamos lá! À nossa! Vamos apagar essas velas! (*Burburinho, risos, etc. Cioran permanece imóvel como uma estátua de cera.*) Obrigado, obrigado, senhor Cioran, por ter nos resgatado… Começamos agora uma grande operação de distribuição gratuita de seus livros nos hospitais psiquiátricos, nas casas de repouso, nas prisões, nas casernas… Venha, senhor Cioran… Venha, senhor Cioran… Venha e apague as velinhas!

A JOVEM COM O COELHINHO: As velas! As velas!

O CEGO DO TELESCÓPIO (*balança a faca*): E depois a gente vai cortar o bolo!

A MULHER QUE FAZ MIGALHAS: Para o ano que vem, nossa associação anuncia a seus membros uma viagem à Transilvânia! Na trilha do mestre de todos nós, senhor Emil Cioran! Vamos visitar sua cidade natal, vamos percorrer aquela costa que o senhor evoca tão frequentemente quando fala de sua infância...

A MULHER DE BRANCO: *Coasta Boacii...* que foi o paraíso de sua infância...

O JOVEM: Estamos tentando também aprender um pouco de romeno...

O CARREGADOR: Começamos com os palavrões...

O JOVEM (*lê um pedaço de papel*): *Pupati în cur.*

O CARREGADOR (*mesmo jogo*): *Du-te în aia La mama.*

O CEGO DO TELESCÓPIO: *Prinde orbul, scoate-i ochii...* O que é bastante bizarro, pois isso quer dizer, na verdade, "você tem que parar o cego e lhe arrancar os olhos"... Mas o que isso significa, isso nos escapa completamente...

(*Bruscamente, Cioran se levanta, se aproxima da mesa onde se encontra o bolo de aniversário, apaga as velas. Escuro total. Logo em seguida escutam-se passos, a porta que se fecha e a chave que gira duas vezes na fechadura. Pânico entre as personagens trancadas na escuridão.*)

O CARREGADOR: Senhor Cioran! Mas...

A JOVEM COM O COELHINHO: Senhor Cioran, mas o que o senhor está fazendo?

(*As personagens trancadas gritam, protestam, dão chutes na porta, etc. Escutam-se os passos de Cioran, que se afasta pelo corredor.*)

12

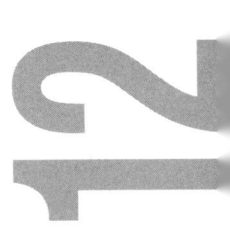

Projeção sobre um telão. Imagens de Sibiu.

As imagens desaparecem. Cioran girando, dando voltas num labirinto de espelhos. Sua imagem é multiplicada ao infinito. A luz diminui.

Cioran vê uma luz. Aproxima-se de Cioran jovem que escreve numa mesa iluminada por uma vela. Cioran jovem fuma muito e seu vulto está envolto na fumaça.

CIORAN: Quem é o senhor? Por que me chamou?

CIORAN JOVEM: Você não me reconhece?

CIORAN: Não, eu não... o reconheço.

CIORAN JOVEM: Você não se reconhece? Eu sou... você.

CIORAN: Não, eu não... me reconheço.

CIORAN JOVEM: Mas olhe bem para mim... Eu sou você. Eu vivo ainda. Você pensava que eu estava morto e enterrado, mas estou aqui. Não saí daqui. Só que à noite não consigo dormir e me dá uma vontade louca de passear nas ruas de Sibiu.

CIORAN: Você é completamente ridículo. Nunca fui tão jovem e tão bobo.

CIORAN JOVEM: Foi, sim... Olhe bem para mim... Tenho 22 anos, acabo de terminar meus estudos de filosofia e minha vida já está ferrada... Por que você não me matou então? Por que você me obrigou a viver, a envelhecer dessa maneira grotesca... É você que é completamente ridículo... Olhe bem para você... Eu sou bonito como um deus grego, ao passo que você... Você é feio como o diabo...

CIORAN: Ela está bem, a mamãe?

CIORAN JOVEM: Mamãe?! Você ainda ousa perguntar por ela? Você ousa pronunciar esta palavra, seu parricida... (*Ele esmaga um cigarro, procura um outro, mas vê que o maço está vazio.*) Me dê um cigarro.

CIORAN: Não fumo mais.

CIORAN JOVEM: Por que você veio me ver então? Não se volta à juventude com as mãos vazias. Você dorme bem agora? Você reencontrou seu sono?

CIORAN: Tenho um problema. Começo a perder a memória. Faz alguns dias fui até a editora Gallimard e, voltando para casa, me dei conta de que não sabia mais onde eu morava... Eu tinha também um encontro na praça Fürstenberg... Encontrei a praça, mas não sabia mais com quem tinha um encontro nem a que horas... Pois bem, tenho uma chave no meu bolso que não abre nenhuma porta, mas que pode fechar todas... Não sei onde a encontrei, quem me deu... Perdoe-me, meu jovem... Como você se chama?

CIORAN JOVEM: Emil Cioran... Me chamo Emil Cioran e tenho 22 anos. Eu sou você... Tenho 22 anos e perdi o sono. Sofro como um cachorro, escrevo o dia inteiro e a noite toda... Às vezes, paro e olho pela janela. Só tem eu acordado na cidade, e duas ou três prostitutas que erram pelas ruas de Sibiu. O tempo não existe mais para mim. O tempo, é como se tivessem traçado diante de mim uma linha reta, infinita, que atravessa o vazio... Agora entendi porque a vida é suportável... É porque o sono ajuda a fragmentar o tempo... O sono nos faz esquecer esta linha reta, esse lado horizontal e infernal... O sono nos dá esta ilusão de terminar alguma coisa e de recomeçar alguma coisa, de acabar o dia e de recomeçar uma jornada... Mas para mim não há mais fronteira entre o dia e a noite, entre esse dia e o seguinte... Eu não acabo nada e não recomeço nada... E tenho vontade de estourar meus miolos... Emil, me deixe explodir meus miolos... Me ajude...

CIORAN: Você é doido, meu jovem... E estou de saco cheio... Por que você não me deixa em paz?

CIORAN JOVEM: É você que não me deixa em paz. Foi você que me trancou aqui.

CIORAN: Veja bem, esse é meu ponto fraco... Eu sempre concordo em aceitar todo o mundo...

(*Ele se dirige para a porta.*)

CIORAN JOVEM: Emil... Não parta... Emil, não me tranque mais desse jeito... Não suporto mais esta solidão... Emil, deixe a porta aberta... Deixe essa porta aberta para que eu possa sair... Emil, você me trancou...

CIORAN: Você me enche. Você me aborrece cada vez mais. Quanto mais eu envelheço, mais você me enerva. Como pude ser assim tão idiota?

CIORAN JOVEM: De todo modo, não há nada a fazer. Nós dois perdemos a continuidade. É insuportável. Não temos mais nada a nos dizer. Mas pelo menos você poderia deixar esta porta aberta. Tenho vontade de sair de vez em quando, sobretudo de noite. De dia, leio e escrevo, mas, de noite, tenho vontade de passear um pouco... Me deixe sair de noite pelas ruas de Sibiu, Emil...

(*Cioran tira a chave do seu bolso e a coloca na mesa diante de Cioran jovem.*)

CIORAN: Aqui está... Não tenho mais nenhuma dívida, agora...

(*Escuta-se ao longe o canto de uma carpideira.*)

13

Projeção sobre um telão. Imagens da cidade natal de Cioran, Rasinari, e da colina chamada Coasta Boacii.

Cioran entra e atravessa a cena. Sua sombra se projeta na tela gigante superposta sobre as imagens da cidade.

CIORAN (*dirige-se aos espectadores*): Pois bem. Minha sombra ficou em Sibiu... Mesmo hoje, minha sombra passeia de noite nas ruas de Sibiu... Olhem lá, é minha sombra... Eu me apago aqui, em Paris, mas minha sombra ficou lá em Sibiu... Mas ninguém jamais soube que minha sombra não estava comigo... Nem mesmo Simone... Mas não posso lhes dizer como isso foi difícil para mim, de me virar durante esses sessenta anos em Paris, sem sombra...

(*Uma carpideira faz sua aparição em cima da colina. Ela canta um canto fúnebre romeno. Na cena, sua sombra sempre projetada no telão, Cioran se aproxima da carpideira e se dirige a ela em romeno.*)

CIORAN: *Asta e Coasta Boacii, matusa?*

A CARPIDEIRA: *Asta-i, domnule.*

CIORAN: *Si dumneata pe cine bocesti?*

A CARPIDEIRA: *Bocesc si eu un domn ce nu-l cunosc. Si care zice c-a murit în tara straina...*

(*A carpideira continua seu canto. Cioran sobe a colina e desaparece do outro lado. Entretanto, uma voz em* off *retoma em francês as quatro réplicas precedentes ditas em romeno.*)

CIORAN: Aqui é o vale Coasta Boacii, vovó?

A CARPIDEIRA: Sim, é ele mesmo.

CIORAN: E a senhora está chorando por quem?

A CARPIDEIRA: Choro por um senhor que não conheço e que conta que ele morreu no estrangeiro.

Fim

UMA HOMENAGEM SUBJETIVA...

Não conheci Cioran pessoalmente. Aliás, nem mesmo tentei, já que sua obra me parecia suficiente para que eu pudesse me comunicar e dialogar com ele tendo toda liberdade e da maneira mais cordial.

Mas, por curiosidade, fui ouvir Cioran, que devia se apresentar num colóquio sobre Benjamin Fondane. Foi em 1988, creio. Escutei a intervenção de Cioran em francês e fiquei bastante tocado pelo fato de que naquele que era considerado pela crítica um mestre incontestável da língua francesa ainda transparecia um leve sotaque romeno.

Alguns anos mais tarde, na saída de um recital de piano dado por um artista romeno na Sorbonne, alguém me apresentou a Cioran. Demos um aperto de mão mas não trocamos uma só palavra.

Então gostaria de precisar que minha peça, que tem como personagem principal Cioran, é um encontro subjetivo e imaginário do autor Matéi Visniec com o filósofo Emil Cioran. Depois de sua morte, Emil Cioran se tornou para mim um personagem disponível. Quando era vivo, Cioran soube construir para si uma mansarda sobre o teto daquele edifício tão requerido, chamado de patrimônio cultural da humanidade.

Como personagem, ele continua a habitar em sua mansarda imortal e continua a nos intrigar e a nos incitar a pôr em questão todas as ideias recebidas.

Consequentemente, todas as personagens dessa peça (com uma nuance no que diz respeito a Cioran) são fictícias. Toda eventual semelhança com pessoas reais, vivas ou mortas, será inteiramente fruto do acaso e do jogo de puras coincidências.

Esta peça se quer uma homenagem subjetiva a Cioran, não obstante ela extraia sua matéria-prima do pensamento e das ideias do grande filósofo. As alusões não podem ser colocadas entre aspas, mas os conhecedores identificarão rapidamente, nesta peça, as fontes cioranianas de certas falas. Para os que não conhecem em profundidade a obra de Cioran, esclareço que minha peça está impregnada de numerosas ideias desenvolvidas por ele sobre uma grande diversidade de temas, começando pelo suicídio e acabando no destino do povo romeno. Entretanto, no meu trabalho de escrita, durante a construção das minhas réplicas, evitei empregar "palavra por palavra" as frases de Cioran. E, quando a lógica da peça me obriga de todo modo a utilizar as palavras dele, estas foram colocadas entre aspas, e as personagens especificam que se trata de verdadeiras citações.

Fora a obra de Cioran e suas entrevistas, vários artigos e livros sobre Cioran me foram de grande utilidade e, por isso, vou citá-los aqui. Testemunhos interessantes e reflexões sutis sobre o homem Cioran, como, por exemplo, os assinados por Gabriel Liiceanu, Simona Modreanu, Marta Petreu, Mihai Sora, Ion Vartic ou Simone Boué, me ajudaram a construir a situação dramática e a "colorir" a personagem.

Estes são os livros que permaneceram na minha mesa de trabalho durante o período em que escrevi a peça:

- *Lectures de Cioran*. Textos reunidos por Norbert Dodille e Gabriel Liiceanu. Paris, Editions L'Harmattan, 1997.

- *Déclarations d'Amour*, de Gabriel Liiceanu. Bucarest, Editions Humanitas, 2001.

- *Cioran Naïf et Sentimental*, de Ion Vartic. Cluj, Editions Biblioteca Apostrof, 2000.

Este conjunto de fontes, que se encontra na minha sala, deve ser completado pelas revelações ligadas ao grande amor de outono de Cioran: Friedgard Thoma. A revista *Seine et Danube*, editada em Paris e que dedicou seu primeiro número a Cioran, me trouxe inúmeras informações sobre esse assunto, mais especialmente graças ao artigo assinado por Dieter Schlesak com o título de *Je m'Enuuie de Toi – Les Lettres d'Amour de Cioran à une Allemande* (Tenho Saudades de Você – As Cartas de Amor de Cioran a uma Alemã).

Matéi Visniec

DA VANTAGEM DE ESTAR MORTO
OU TENTATIVA DE TEATRALIZAÇÃO COM VISTA PARA O QUARTO DO FILÓSOFO

> *Nossa origem sempre conta, isso se entende; mas só damos o passo decisivo para nós mesmos quando não temos mais origem e oferecemos tão pouca matéria para biografia quanto Deus...*
> E.-M. Cioran. Exercícios de admiração; "Beckett"

Isso devia acontecer. Como uma "banana" dada por uma posteridade zombeteira. Um dia ou outro era de se esperar, com um Cioran que cultivou a postura de um desapego a um tal grau e manipulou a contradição com tal virtuosismo, que acabou se tornando, no final dos anos de 1980, a coqueluche dos que ainda não chamávamos de "bobo" (burguês-boêmio). Robert Guédiguian poderia ter filmado um *Errâncias no Jardim de Luxemburgo*, Alain Bashung poderia ter musicado, Sami Frey poderia tê-lo encarnado no recolhimento de um claustro de Avignon. Graças a Deus, se posso me permitir a franqueza, escapamos de tudo isso. *Os Desvãos Cioran!...* É difícil imaginar *Os Ganchos Levinas*, *As Procissões Jankélévitch* ou *Os Desvios Wittgenstein...* Mas Cioran!

O teatro é povoado de personagens que proferiram palavras filosóficas. Ninguém se espanta, portanto, de ver um filósofo chegar ao patamar de personagem. Mas se as intenções de Vladimir e Estragon podem se tornar filosóficas, é porque são antes de tudo teatrais. Imaginemos por um instante a mixórdia dramatúrgica que daria uma montagem das exegeses filosóficas que habitam a peça de Beckett. Inversamente, se o filósofo aparece em cena para discorrer como nos seus livros, assistiremos – na melhor das hipóteses – a uma conferência. Não se pode, portanto, deixar de ficar legitimamente prudente diante do projeto de teatralização de Cioran por Matéi Visniec. Incluindo no título o nome do filósofo, o autor anuncia claramente sua paleta. É verdade que o acréscimo de um subtítulo contendo uma imagem, da qual Matéi Visniec guarda segredo, tenta corrigir o lance, mas já é tarde demais: já foi dito! A personagem principal se chama, portanto, Cioran. E mais: Emil Cioran – e não Emil C., por exemplo – e seu texto é recheado de referências ao pensamento e à vida do filósofo. Não resta, portanto, qualquer dúvida. Cioran é a matéria-prima dessa peça de um autor até agora mais ligado à alegoria e ao fantástico grotesco do que à biografia ou à filosofia. Quem sabe talvez até à hagiografia?... A aposta é arriscada. As armadilhas são muitas. E a crítica é fácil.

Podemos perguntar com que direito Matéi Visniec se apropria de Cioran. Seria sua *romenidade* que lhe confere um brevê para lhe fazer uma roupa de personagem? Este é um argumento um tanto frágil, embora sedutor: dois exilados, dos quais um pode representar a figura paterna para o outro, ambos construindo sua obra na língua do exílio comum... É claro que isso aproxima. Mas, enfim, senhor Visniec: não se partilha uma língua comum como um pedaço de pão. Que

Cioran e o senhor sejam *isoglotas* (notem que essa palavra não existe em francês!) não faz dele seu "colega". Ainda mais que o senhor confessa jamais ter conhecido Cioran. Assistir a uma de suas conferências; trocar um aperto de mão silencioso anos mais tarde: não há material para drama aqui! "Desde sua morte, Emil Cioran se tornou para mim uma *personagem disponível*", diz o senhor. E antes, ele era o que para o senhor? Um filósofo ocupado? Um "pai" indiferente ao jovem estudante de filosofia que o senhor foi? Ele tem 44 anos a mais que o senhor e chegou a Paris 50 anos antes, mais ou menos com a mesma idade (21 anos) que o senhor (31 anos) escolheu o exílio. Modelo acachapante. Colocando-o nesse tipo de peça, eis que o vemos morto duas vezes. Mas, para além de sua *tentação de existir*, esse assassinato do pai trai a improvisação de sua postura final: erigindo-lhe um monumento de papel, o senhor se revela impotente para ultrapassar o paradoxo que o tem dividido entre a fantasia que lhe é familiar e a preocupação com a veracidade que entremeia seu drama, então foge da raia usurpando a identidade do "delirante preocupado com a objetividade", assim que seu herói, ou melhor, seu modelo, se qualifica precisamente ele mesmo. Aposta impossível que se volta contra o senhor e pode lhe valer o epíteto de *Mau demiurgo*. Em todo caso, se houvesse somente um ponto que o ligasse ao pensamento de Cioran, esse seria o gosto pela contradição. Afinal, o senhor a resolve à sua maneira e o paradoxo que entrega a seus leitores não é nada se comparado ao presente envenenado que oferece ao diretor de teatro.

Que fazer de um Cioran-personagem embebido a esse ponto de Cioran-homem? Deve ser encarnado por um ator com postura de um dândi malcriado, de cabelos meio grisalhos caindo levemente na testa, com o olhar acelerado sob uma sobrancelha eriçada e uma amargura sorridente em volta dos lábios finos? Pois Cioran é também um ícone. Impossível destacar a obra do retrato de seu autor. Cioran já tem uma figura teatral. É uma cara e tanto. Tal como Beckett, também teatralizado por você. Como Gainsbourg. Como Warhol. Imaginaríamos esses últimos com uma outra cara? Um outro ator que não fosse Michel Bouquet teria conseguido encarnar Mitterand no cinema? Cioran sem a máscara de Cioran ainda é Cioran? Certamente, a liberdade imprescritível do teatro, mesmo se desagradar a viúvas abusivas, pode se distanciar da realidade e inventar suas próprias convenções. Mas estamos diante de um indivíduo que acedeu em vida ao patamar de uma personagem, e cujo pensamento frequentemente provocador alimentou inúmeros rumores. De seu suicídio, por exemplo...

Sem falar que sua personagem, ele mesmo a fabricou, cultivando um humor radical. Cioran, seja lá como for, é o filósofo das posturas: provocador lúcido, equilibrista na corda bamba da ironia, ele se fez opositor dos entusiasmos, incensador dos impasses, o arauto do desapego... Até o dia em que, ironia suprema, sua própria memória se vai! Cioran com o mal de Alzheimer, isso sim dá um drama! E Matéi Visniec enveredou por esse atalho. E, de certa forma, começou pelo fim. E ei-lo, o homem segundo Cioran, arrancado de sua "condição trágica" porque sua memória pendurou as chuteiras! E, de quebra, regressivo ao máximo, em seu papel, dessa vez involuntário, de colegial apaixonado, que no outono da vida ele se torna, pelos ternos olhos germânicos de uma jovem, 35 anos mais nova do que ele. Cioran, o amargo, Cioran, o cético, flechado por Eros e condenado ao amor platônico pela sua beldade teutônica.

"Eu que durante anos só destilei sarcasmos para as coisas ligadas ao amor […] era necessário que eu fosse punido de uma maneira ou de outra: estou sendo punido no momento, mas não me arrependo de nada. Naufragar é o ponto principal de meu programa."

E isso não é a personagem que diz. É o homem.[1]

Precisa de talento para fazer uma verdadeira obra de teatro a partir de um material tão viciado. Para ficar no teatro sem trair o real. Para fazer existir um Cioran personagem que não fosse o Cioran homem, não obstante sem renegá-lo. Era necessária uma arte sutil e irreverente através da qual se reconhece um autêntico *exercício de admiração*. Era necessário um dramaturgo que soubesse se posicionar a uma boa distância. Era necessário que tivesse sangue romeno, que tivesse estudado filosofia, que tivesse escolhido a França como terra de exílio, que tivesse construído sua obra, ele também, naquela língua de distância e de lucidez, pois que, para eles, ela será sempre uma eterna estrangeira. Era necessário que isso tudo não transparecesse. Era necessário um Matéi Visniec.

Gilles Losseroy[2]

---

[1] Carta citada por Dieter Schlesak, na revista *Seine e Danube*, "Je m'ennuie de toi".
[2] Gilles Losseroy é diretor de teatro e professor universitário. Dirige a Companhia da Mazurka do Sangue Negro e ensina Artes Cênicas na Universidade de Nancy 2.

DADOS INTERNACIONAIS DE CATALOGAÇÃO NA PUBLICAÇÃO (CIP)
(CÂMARA BRASILEIRA DO LIVRO, SP, BRASIL)

Visniec, Matéi
  Os desvãos Cioran ou Mansarda em Paris com vista para a morte / Matéi Visniec; tradução Luiza Jatobá. – São Paulo: É Realizações, 2012. –
  (Biblioteca teatral - Coleção dramaturgia)

  Título original: Les détours Cioran ou Mansarde à Paris avec vue sur la mort
  ISBN 978-85-8033-105-9

  1. Teatro francês (Escritores romenos) I. Título. II. Série.

12-11468   CDD-842

ÍNDICES PARA CATÁLOGO SISTEMÁTICO:
1. Teatro : Literatura francesa   842

Este livro foi impresso pela Gráfica Vida & Consciência para É Realizações, em outubro de 2012. Os tipos usados são da família Sabon LT Std e Helvética Neue. O papel do miolo é alta alvura 90g, e o da capa, cartão supremo 250g.